総図解!
Accounting

イチからわかる!
「会計」の基本と実践

会計がわかれば**仕事**も**社会**も見えてくる！

公認会計士
梅田泰宏

Subarusya

「会計」がわかれば、〝世の中〟のこともわかる！——まえがきに代えて

■要するに「数字」の〝ありよう〟〝しくみ〟が会計です

ここ数年で、日本の会計制度は大きく変貌し、会計の代名詞である「決算書」も、２００６年の会社法改正で、表示方法まで変わりました。引きずられるように、税法も大きく変わりました。

今の日本の「会計」は、変化の真っ只中だと言ってもいいでしょう。

「会計」とは、ひと言で言うと、「会社の状況を数字であらわす」ということです。

個人経営、自営業を含む「会社」というものは、数字で動いています。会計とは、いわば「経営のモノサシ」でもあるのです。

昔から、「**入るを図《はか》って、出《いず》るを制す**」という有名な言葉があります。つまり、「お金が入ってくるように考え、出ていくことを抑える」——これが経営の基本であり、会計

の神髄でもあるのです。**「経理は裏舞台」ということは決してない**のです。

むしろ会計、経理出身の経営者は優秀という評価もあります。会社を全体的にトータルで俯《ふ》瞰《かん》しているからでしょう。「経理は裏舞台」という後ろ向きの考えではなく、「自分たち経理が会社を支えているのだ」という強い自負があるからかもしれません。**「会計が会社を動かしている」と考えれば生き甲斐も生まれます。**

数字で動いているのが「経営」というものです。その数字を計算し、それをもとに戦略を立てているのが「会計」なのです。仮に「経理は地味」だと思っている方でも、自信と誇りを持ってください。仕事が楽しくなるはずです。

数字に強くなれば、経営のしくみを理解することにもつながります。私はこの本で単なる「数字に強くなるノウハウ」以上のことを書いていくつもりです。会社の様々なことを数字で見るときの〝モノサシ〟が会計ですから、その考え方、しくみについて、わかりやすく解説していきます。それがひいては、世の中のことを理解するのにもつながります。なぜなら、会社は世の中のしくみを抜きにしては語れないからです。

「会社のしくみに強くなりたい」
「経理の仕事に自信と誇りを持ちたい」
「もちろん、数字にも景気にも強くなりたい」

本書を手にとられた方の理由には、いろいろあると思います。本書では「会計が会社を動かしている」ということを改めて強調したいと思います。

■会計が経営戦略につながる！

会計は様々な数字を計算し、経営戦略にまで引き上げます。こう言うと大げさなようですが、どれも当たり前のことばかりです。

本書で出てくる用語も、どこかで聞いたことがあるものが多いはずです。会計についての知識を持つことで、売れた理由、売れない理由も見えてきます。それがさらに高度な経営戦略にもつながるでしょう。

第1章では、まず「そもそも会計とは何か？」という基本を説明します。経営判断のためのデータを提供するなど、会計は会社の中で重要なファクターです。

第2章は「決算書」の話です。ズバリ言えば、決算書がわかれば会計のことは9割以上見えてきます。

第3章は、決算書を作る大切なルールである「複式簿記」のしくみについて簡単に説明します。いわば「経理の基本」でもあります。

第4章では、会計の考え方で取引（会社のお金のやり取り）を見ます。減価償却などについても触れますし、「売上」「費用」というものの考え方についても考えます。

第5章では、さらに踏み込んで会計のルールについて見てみます。「連結会計」などが重視される理由、引当金など様々ありますので押さえてください。

第6章は「管理会計」です。会社や消費者とのやり取りをあらわすだけでなく、会社内部で役立てる会計のことです。

そして**第7章**では、決算書だけではない、いろいろな会計基準について触れます。

このように、会計の範囲はとても広いのです。ですから**基本をザックリしかし確実に身につけたい人、今さら「決算書のコレって?」などと聞けない人、企画や商品開発など一見、会計とは無縁と思われる部署にいる人、少しむずかしいことも押さえておきたい**……そんな人にも、やさしく解説していきます。

今の日本経済は、決して「良い」とは言えません。それでも「会計」について知っていれば、会社だけでなく、身の回りのことのしくみが手にとるようにわかります。本書を読んで、ビジネスマンとしてワンランクアップすることを願います。

公認会計士　梅田泰宏

イチからわかる！「会計」の基本と実践

目次

「会計」がわかれば、"世の中"のこともわかる！————まえがきに代えて……3

■要するに「会計」の "ありよう" "しくみ" が会計です

■会計が経営戦略につながる！

第1章 要するに「会計」とは何だろう

第 **3** 章

複式簿記のしくみは会計の基礎

1 複式簿記は小遣い帳とどこが違うか？……92

- 企業会計は「正規の簿記」で正確な会計帳簿を作成する
  - 小遣い帳や現金出納帳は「単式簿記」
  - 企業会計は「複式簿記」で行なう
  - 複式簿記は会計を支える技術

2 取引から決算書まで、複式簿記のしくみとは？……94

- スタートの取引からゴールの決算書まで「簿記一巡の手続き」で行なう
  - 「簿記一巡の手続き」とは？
  - 財産に関係する事柄は「取引」
  - ひとつの取引を2つに分ける「仕訳」
  - 仕訳は「総勘定元帳」に転記する
  - 「試算表」ができれば決算書もできる

3 「借方」「貸方」とは何のことだろう……98

- 仕訳から貸借対照表まで、左側を借方、右側を貸方と呼ぶ
  - 取引には必ず2つの側面がある

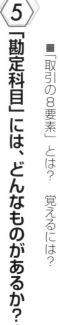

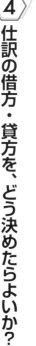

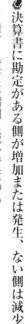

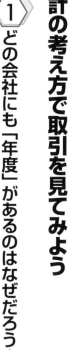

■「保守主義の原則」とは？
■引当金のルールと意味

Column 「前払費用」と「前払金」、似ているが、どこが違う？ 146

第5章 踏み込んで押さえておきたい会計のルール

1 日本の会社が採用できる4つの会計基準とは？……148

◆日本基準、米国基準、ＩＦＲＳ、Ｊ-ＩＦＲＳの４つ
■「会計基準」とはどういうものか？
■採用できる４つの会計基準とは？
■４つの会計基準の特徴は？

2 「連結会計」は、なぜ重要視されるのか？……152

◆企業グループはグループ全体の「連結財務諸表」で見る
■連結財務諸表でグループの全体像をつかむ
■連結財務諸表が〝主〟、個別は〝従〟

第6章 「管理会計」は会社内部で役立てる会計

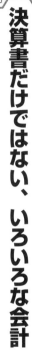

ＤＴＰ……ベクトル印刷㈱
装幀……石村紗貴子
編集協力……ケイ・ワークス

第1章

要するに「会計」とは何だろう

会社の活動をお金の面から記録し、
期末には決算書を作成し、
その決算書を関係者に開示すること——この3つが会計の目的。

1

「会計」とはいったい何をすることか？

会社の活動を〝お金〟で捉え、決算書を作成・開示する

■会計は経理や簿記の基礎になる〝理論〟

「会計」と言われると、漠然としたイメージしか浮かばない人が多いかもしれません。

「経理」なら、伝票を整理したり、画面上で数字を入力したり、具体的な〝業務〟のイメージが浮かびます。

また「簿記」なら、経理の人たちが勉強して身につけた専門の〝知識〟や〝技術〟なんだろうなと、よく知らない人でも想像がつきそうです。

しかし「会計」と言われると、業務なのか知識なのか技術なのか、判然としない人が多いでしょう。会計とは、何をすることなのでしょうか。

会計が行なうことは、簡単にまとめてみると、たった3つしかありません。①会社の活動をお金の面から捉えて記録し、②期末には決算書を作成し、③その決算書をステークホルダー（利害関係者）に開示する、という3つです。

この3つのほとんどの部分は、業務として見れば経理になり、技術として見れば簿記（複式簿記）になります。会計はそれらの基礎になる〝理論〟です。

■会計の全体像を簡単に描いてみる

理論は、それを具体化する技術がなければ実際の役に立ちません。そこで**会計は、複式簿記を技術として採用するよう定められています**（↓第3章）。

これを定めているのが「企業会計原則」です。企業会計原則には、会計の基本的な考え方がまとめら

要するに「会計」の全体像とは？

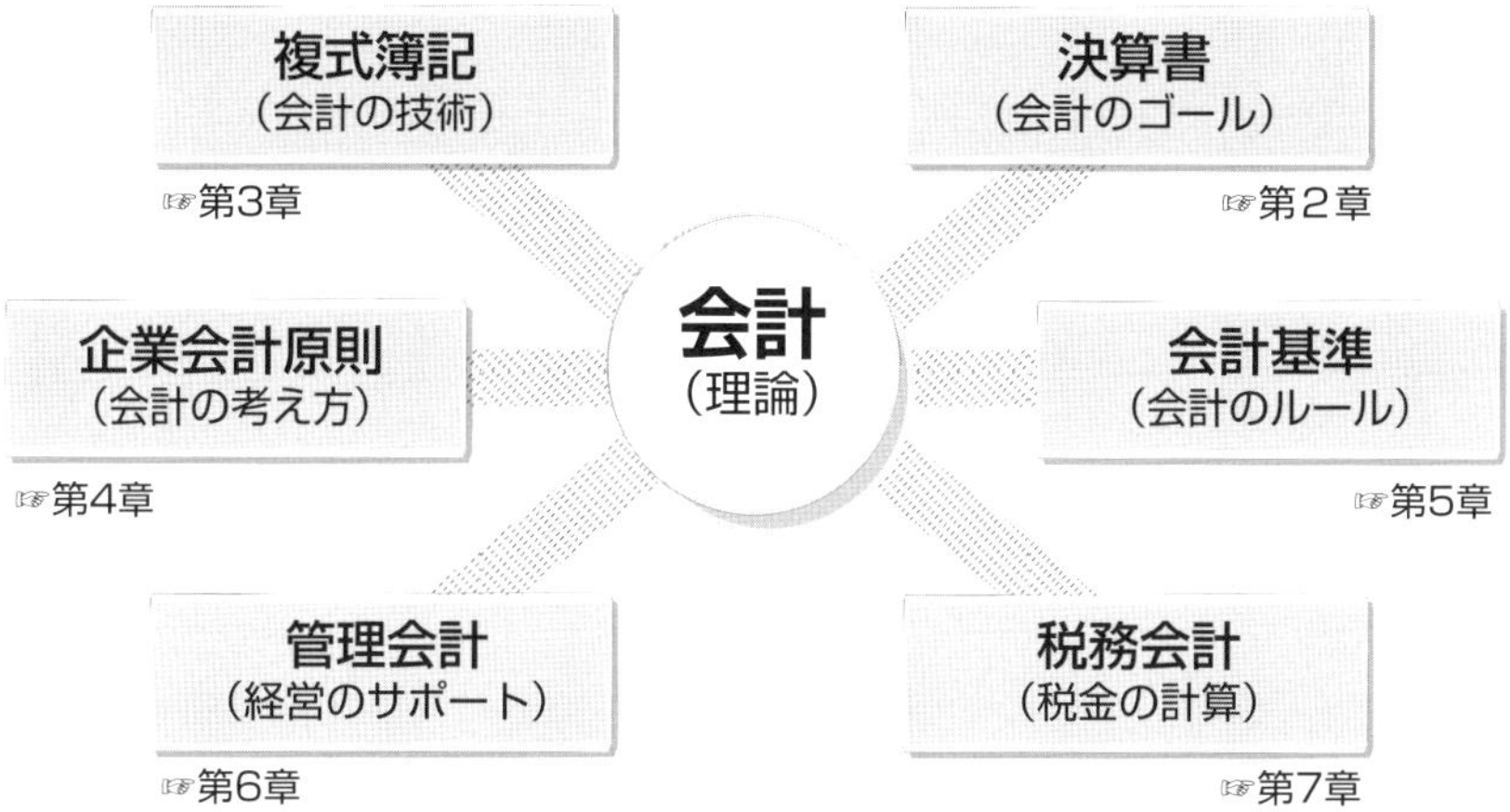
複式簿記
（会計の技術）
☞第3章
決算書
（会計のゴール）
☞第２章
企業会計原則
（会計の考え方）
☞第4章
会計
（理論）
会計基準
（会計のルール）
☞第5章
管理会計
（経営のサポート）
☞第6章
税務会計
（税金の計算）
☞第7章

会計は経理の業務や技術の基礎になる“理論”

れています（↓第４章）。

企業会計原則には「貸借対照表原則」と「損益計算書原則」があり、この２つは、いわば会計のゴールである決算書の作り方です（↓第２章）。

さらに、より具体的に、たとえば税金やリース取引の会計処理の仕方といった内容の定めもあります。**「会計基準」**と呼ばれるもので、いわば会計のルールです（↓第５章）。

もっとも、会計のルールに従わなくてよい会計もあります。決算書の作成のためでなく、経営者の経営判断のサポートのために、情報を提供する会計です。**「管理会計」**と言います（↓第６章）。

そして会社は、納める税金を自分たちで計算しなければなりません。**「税務会計」**と呼んだりしますが、これも会計の重要な仕事です（↓第７章）。

以上のことを、簡単にまとめたものが、いわば会計の全体像と言えます。

2 会計が毎年度めざす3つの目的とは?

①決算書の作成・開示、②経営判断のサポート、③税金の計算

■「財務会計」は決算書を作成し、開示する

会計は「会計期間」という期間を区切って、計算や処理を行ないます。その理由は後で見ますが（↓P52）、会計期間は1年を超えない範囲で、会社が自由に決められることになっています。

ただし、多くの会社では会計期間は1年です。そこで「会計年度」とも呼ばれるわけですが、会計は年度の終わり（＝期末）に向けて、3つの目的の達成をめざします。

第1の目的は言うまでもなく、前項でも触れた決算書の作成・開示です。そもそも決算書は、会計年度中の会社の成績や、年度末の会社の財産の状態などをあらわしています。

このような決算書の作成・開示のための会計を**「財務会計」**と言います。財務会計は、厳格なルールに従う会計です。

なぜなら、決算書を会社が自由に作ったのでは、開示された人が理解できなかったり、他の会社と比較したりできなくなってしまいます。

前項で触れた企業会計原則や会計基準も、すべて財務会計のために定められたルールです。財務会計では、これらのルールに従い、正確なデータを記録し、決算書を作成・開示します。

決算書の作成・開示は、すべての会社が行なうように法律で定められた義務です。ですから財務会計は、すべての会社が行なう必要があります。会計の

目的に応じて3つの「会計」がある

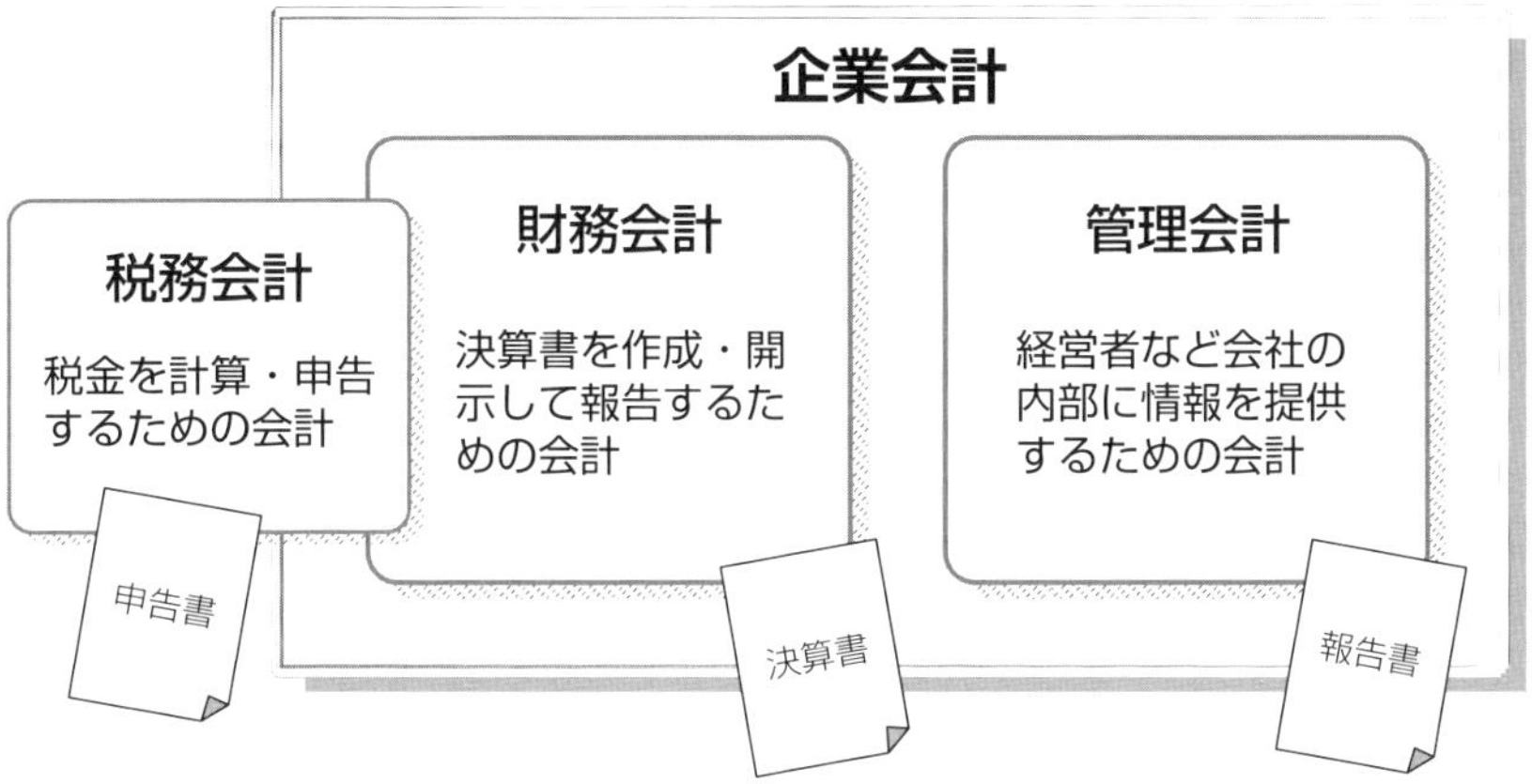
企業会計
税務会計
税金を計算・申告するための会計
申告書
財務会計
決算書を作成・開示して報告するための会計
決算書
管理会計
経営者など会社の内部に情報を提供するための会計
報告書

財務会計がすべての会計の基本・基盤

基本、基盤と言ってよいでしょう。

■「管理会計」は経営のためのデータを提供する

では会計の第2の目的は何でしょう。

それは、経営者の経営判断をサポートするために、情報を整理して提供することです。前項で触れたように、この会計を**「管理会計」**と呼びます。

管理会計は、財務会計のルールにしばられない会計です。

なぜなら、管理会計の情報は経営管理のためのものなので、経営者など会社内部の人しか見ません。28ページで触れたステークホルダーに理解できることや、他社との比較に使えることは、考えなくてよいわけです。

ですから管理会計では、正確でないデータを利用することなども許されます。実は、財務会計が重視する会計期間も無視して、任意の期間を設定することも可能です。また、ときには財務会計にないデータも扱ったりします。

たとえば、「固変分解」と言って、費用を「固定費」と「変動費」に分けたりするのがその例です（→P196）。財務会計では、費用を固定費と変動費に分けることなどはしません。

なぜ、財務会計ではしないことをするかというと、たとえば「売上が○倍に増えたときの利益」とか「利益が○○円出る売上高」などは、財務会計ではわからないからです。

これでは、来年度以降の利益の予測や、経営計画も立てられません。そこで、財務会計とは別に管理会計が必要になるのです。

ただし、会社に管理会計を義務づける法律はありません。つまり、管理会計を行なうかどうかは、会社の任意ということになります。

要は、管理会計のある会社の経営者などは、勘や推測でなく、きちんとした情報に基づいた経営ができるということです。

■税金の計算を「税務会計」と呼ぶこともある

このほかに、法人税などの税金の計算・申告には、別の会計のルールがあり、これを「税務会計」と呼ぶことがあります。これが、会計のめざす第3の目的です。

前項で触れたように、法人税などの税金は「申告納税」と言って、会社が自分で計算し、申告・納税するしくみです。税務会計は、そのための会計ということになります。

前ページの図で、税務会計が一部、財務会計の枠に重なっているのは、法人税などの計算が、財務会計のデータに手を加えたものから行なわれるからです（→P39）。

また、3つの会計を「企業会計」としているのは、会社（企業）のための会計でない、別の会計があることを示しています（→P127、208）。

財務会計と管理会計の主な違いとは?

	財務会計	管理会計
目的	決算書を作成・開示して外部に報告する	経営管理のための情報を内部に提供する
相手	会社外部のステークホルダー	会社内部の経営者など経営管理にあたる人
ルール	企業会計原則や会計基準など	基本的に財務会計のルールにしばられず自由
義務	すべての会社が義務	会社の任意
期間	会計期間	任意（複数年、月など）

管理会計は財務会計のルールにしばられない

■3つの会計はそもそもの目的が異なる

このように、複数の会計が必要とされるのは、そもそもの目的が異なるからです。

財務会計の目的は、決算書を作成・開示して、会社の外部に報告することにあります。ですから、**財務会計の別名は「外部報告会計」**です。

この外部報告という目的のために、財務会計には厳格なルールが定められ、外部の誰もが理解できて、他社との比較などもできるようになっています。

一方、管理会計は、会社内部の経営管理のために行なわれる会計です。その目的のためには、財務会計のルールにしばられず、必要とされるデータを整理・提供することができます。

そして、税務会計の目的は言うまでもなく、正しい税金の申告・納税です。

以上、財務会計と管理会計の主な違いをまとめてみると、上のようになります。

3 「財務会計」によって何が明らかになるのか？

会社の「財政状態」と「経営成績」が報告される

■収益から費用を引いた利益が経営成績

財務会計について、もう少し見てみましょう。

企業会計原則の最初には「企業会計は、企業の財政状態及び経営成績に関して、真実な報告を提供するものでなければならない」とあります（一般原則の一）。

ここで言う「企業会計」が、財務会計です。では、財務会計で報告する「財政状態」「経営成績」とは何でしょうか。

まず「経営成績」のほうから見ていきます。

会社の目的は、利益を上げることです。上げた利益から、出資してくれた株主に配当を支払ったり、税金を納めて社会に貢献したりします。

会社の成長のために、工場や店舗の設備投資などをする原資も、ほとんどは利益です。

ですから、**会社の経営成績は、利益であらわすのが適切**と言えます。

もっとも、会社は利益でなく損失を出すこともあるので、正確には「損益」と言うべきでしょう。損益こそが、会社の経営成績です。

では、損益はどのようにしたら、明らかにできるでしょうか。

会社は事業を行なって売上を上げますが、売上が利益ではありません。売上を上げるためには、商品の原価や、人件費など、様々な経費がかかっている

「経営成績」＝利益はどのように計算するか？

損益法　売上などの「収益」から「費用」を差し引く

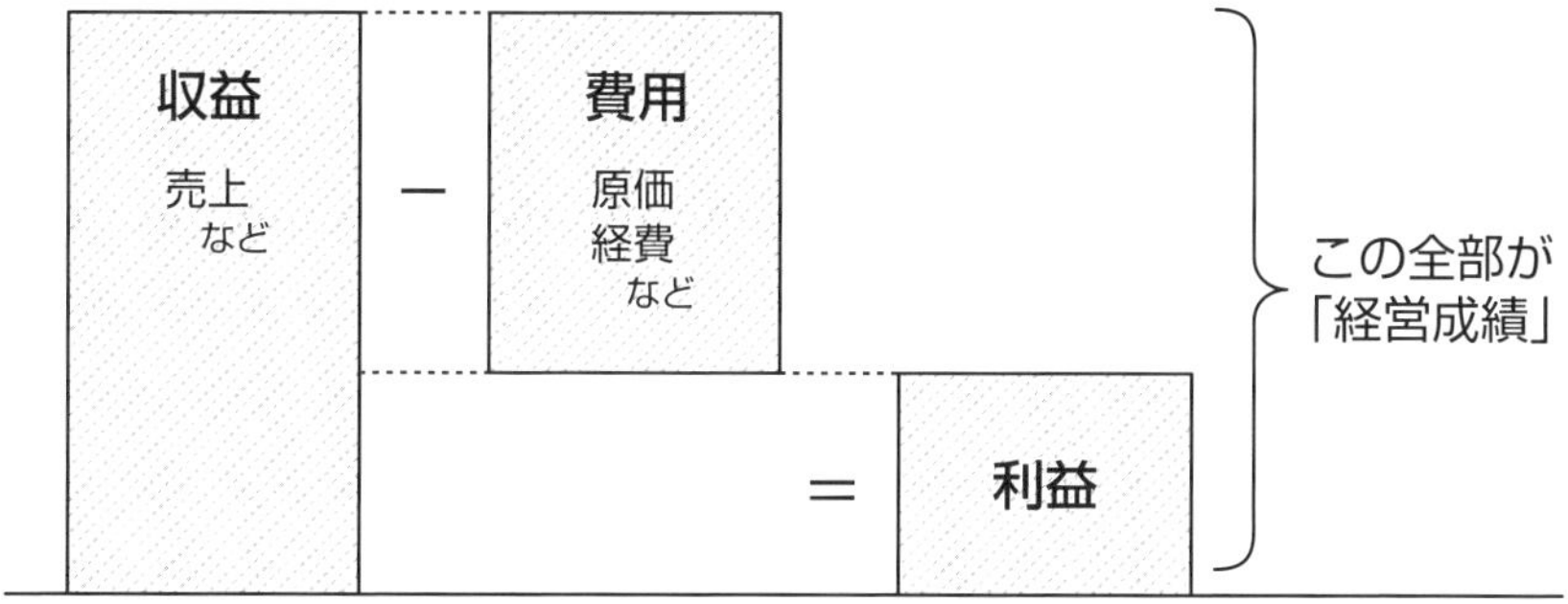

売上などから費用を差し引いたものが「利益」になる

からです。

そこで、売上などを「収益」と呼び、原価や経費などを「費用」としてまとめて、収益から費用を差し引きます。

ここで計算されるのが「利益」です。もし、**収益より費用が多いと、「損失」になります。**

ただし、利益や損失の額だけを報告しても、どのようにしてその損益の額になったのかはわかりません。そこで、利益とともに、計算のもとになった収益と費用も報告します。

これが「経営成績」を報告する基本的な考え方です。具体的には、決算書の「損益計算書」にあらわして報告されます（→P66）。

損益計算書は、文字どおり損益を計算して報告する決算書です。

■「損益法」「財産法」で利益が計算できる

利益を計算する方法は、収益から費用を引くだけ

利益を計算するもうひとつの方法

財産法　期首から期末の間に増えた財産を調べる

「期末の会社の財産－期首の会社の財産」でも利益が計算できる

ではありません。利益が上がるということは、それだけ会社の財産が増えるということです。

そこでたとえば、会計年度の期首に会社の財産を調べ、期末にも調べて、増えていれば利益、減っていれば損失と考えることができます。

このように、期首と期末の財産を比べる方法で利益を計算するのを**「財産法」**、収益から費用を引いて計算するのを**「損益法」**と言います。

損益を計算するのに財産法を利用するにも、会社の財産の状態、すなわち「財政状態」を明らかにすることが必要です。

■資産・負債・純資産の状態が「財政状態」

会社は現金・預金、土地・建物など、様々な財産を使って事業を行なっていますが、その全部が会社の財産とは言えません。借入金や社債など、借金にあたるものもあるからです。

「財政状態」＝資産・負債・純資産をどう報告するか？

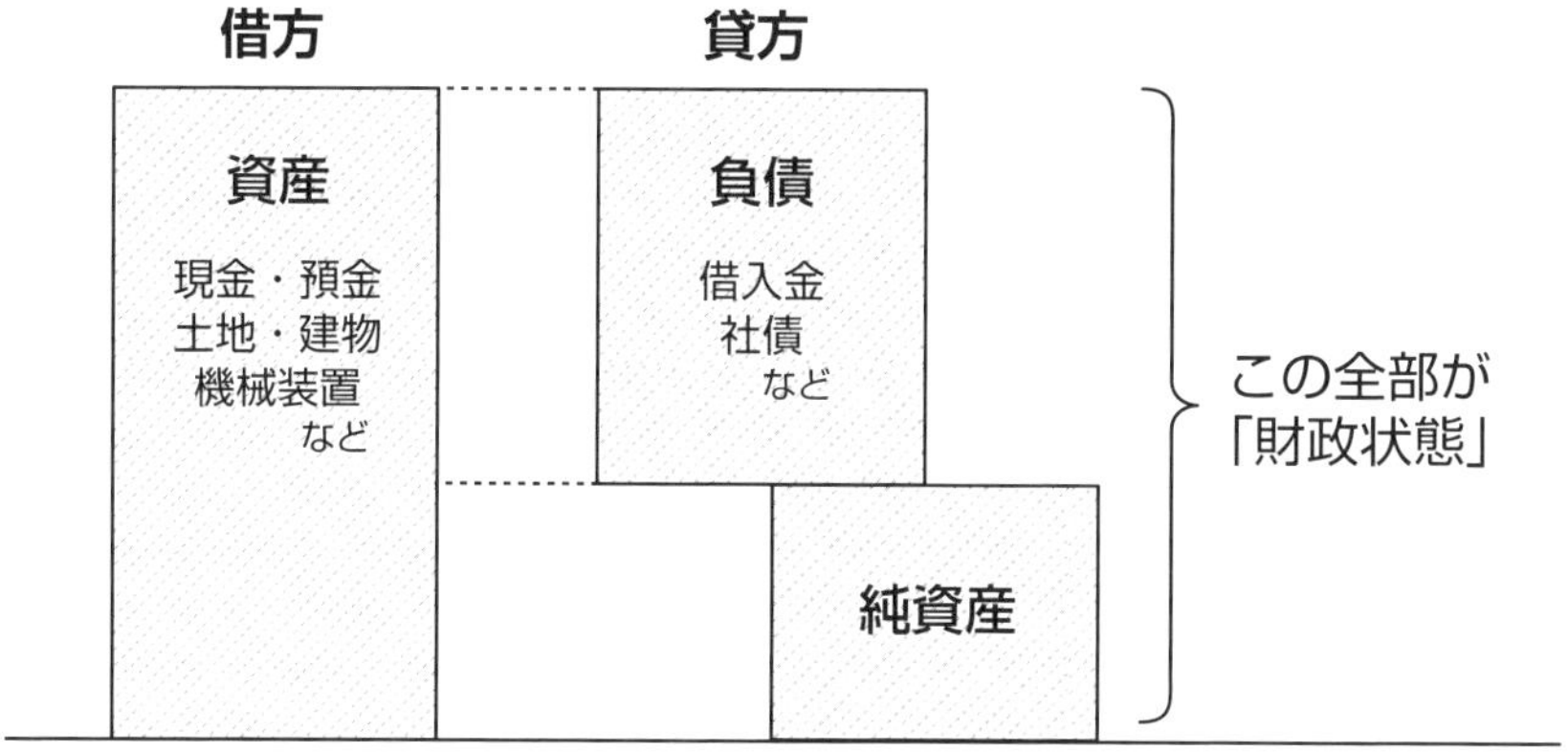

会社の財産にはマイナスの財産＝負債もあるので、残りが純資産

そこで、現金や土地などの財産を「資産」と呼び、借入金などを「負債」としてまとめて、資産から負債を差し引きます。

これで計算できるのが、純粋に会社の財産と言える**「純資産」**です。

ただし、純資産の額だけを報告しても、どれだけの、どのような資産・負債があるのかはわかりません。そこで、純資産とともに、資産と負債も報告します。

これが「財政状態」を報告する基本的な考え方です。具体的には、決算書の「貸借対照表」にあらわして報告されます（→P58）。

簿記では、資産がある左側を「借方」、負債・純資産がある右側を「貸方」と呼ぶので、借方・貸方を合わせて「貸借」対照表という名前になっているのです。

4 「管理会計」とは？「税務会計」とは？

経営判断のためのデータを提供したり、税金の申告書も作成する

■管理会計の主な分野は？

続いて、管理会計を見ていきます。

管理会計には、財務会計のようなルールがないので、様々な手法が開発されています。具体的な手法は第6章で見ますが、管理会計の分野としてよく取り上げられるのが左の図の4つです。

「予算管理」は、事業計画の立案からいわゆる予算編成、実績との差異の分析や進捗のチェックまでも含みます。意外かもしれませんが、予算管理の方法にもルールはありません。

「原価管理」は、標準原価計算という手法を用いて、製造業の製造原価を管理するものです。製造原価は仕入原価に比べて複雑なので、原価計算が重要になります。

原価管理には、管理会計としては例外的に「原価計算基準」（→P214）というルールブックのようなものと、原価計算に関係する会計基準があります。

「経営分析」は、決まった計算式を用いて自社や他社の経営指標を算出したり、グラフ化するものです。算出した経営指標は、他社や業界の平均などと比較すると、目安がわかります。

たとえば、安全性分析は取引や融資をしても大丈夫な会社かどうかを見る分析です。また、収益性分析を行なうと、その会社の稼ぐ力を測ることができます。

管理会計の主な分野にはこういうものがある

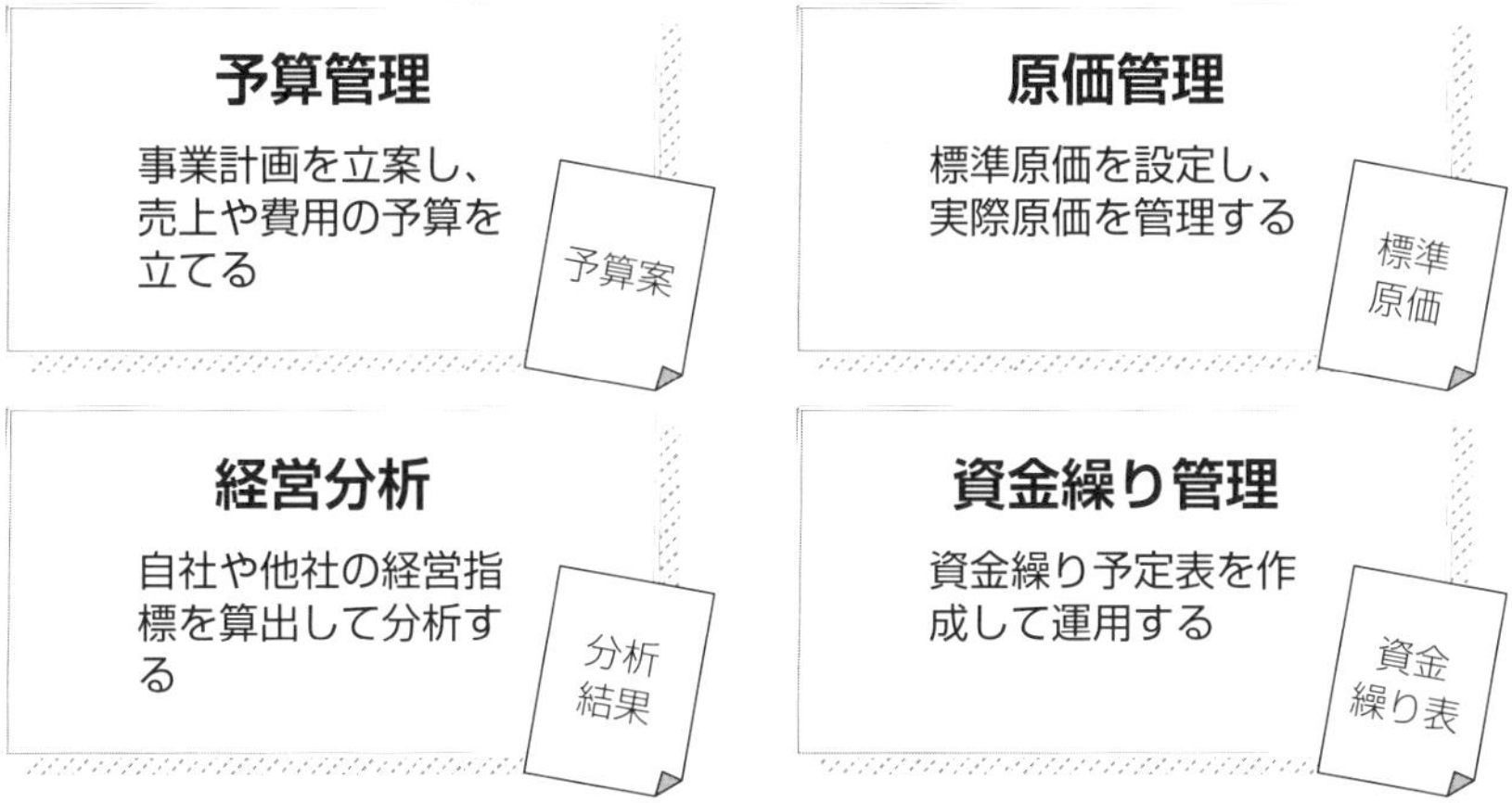
予算管理
事業計画を立案し、売上や費用の予算を立てる
予算案
原価管理
標準原価を設定し、実際原価を管理する
標準原価
経営分析
自社や他社の経営指標を算出して分析する
分析結果
資金繰り管理
資金繰り予定表を作成して運用する
資金繰り表

原価管理には例外的に原価計算基準というルールがある

「**資金繰り管理**」は、会社の資金がショートしないよう管理するものです。

会社は利益が出ていても、支払いの資金が底をつけば、いわゆる黒字倒産になります。そうならないよう、必要に応じて銀行からの借入れを起こすなど、資金繰りが必要です。

資金繰り表は通常、月次で作成しますが、資金繰りの状況が厳しいときは、日次で作成して運用することもあります。

■税務会計の基本的な考え方は？

管理会計は会社の任意ですが、税務会計は必須です。会社は、会計年度ごとに税金の申告書を作成・提出しなければなりません。

赤字だと、法人税などの税金はかかりませんが、税務申告書の作成・提出は必要です。

なお、会社が納税する税金としては、消費税や社員の所得税・住民税もありますが、ここでは法人税などに限って説明します。

ちなみに、固定資産税や印紙税なども、費用（租税公課）として会計処理されるので、特別な計算の必要はありません。

そこで計算の必要があるほうの税金ですが、法人税などは、基本的に会社の利益に対してかかる税金です。

ならば、財務会計が計算する利益で税金を計算すればよさそうなものですが、問題は財務会計の利益と、税法が定める〝利益〟の違いにあります。

たとえば接待交際費は、財務会計では全額が費用ですが、法令の定めでは一定額以上が〝費用〟ではないとされるのです。

接待交際費は濫費《らんぴ》（ムダ遣い）と考えられているためですが、費用の額が変われば当然、〝利益〟の額も違ってきます。

そこで**税法では、利益にあたるものを「所得」、収益・費用にあたるものを「益金」「損金」と呼んで、財務会計上の利益・収益・費用と区別しています。**

収益≠益金、費用≠損金なので、当然、利益≠所得です。

そして、益金から損金を引いたものを所得とするわけですが、実際には収益・費用とは別に、益金・損金を集計するのではありません。

収益と益金の違い、費用と損金の違いはさほど大きくなく、益金≒収益、損金≒費用なので、違うところだけを調整する計算をします。

たとえば、収益だけど益金でないものは「益金不算入」として、差し引くわけです。同様に左の図のような決まりで、「益金算入」「損金不算入」「損金算入」も計算します。

先に例をあげた接待交際費の限度超過額などは、財務会計上の費用だけど、税法から見ると損金ではないとされるので、損金不算入となるわけです。

損金不算入になると、損金が減って所得が増える

［A≠B（AはBではない）
A≒B（AはほぼBである）］

ので、法人税なども増えます。会社としては、払う税金が増えるのは避けたいところでしょう。

そのように、財務会計上の利益に「益金算入」をプラスし、「損金不算入」をプラスし、「益金不算入」をマイナスして、「損金算入」をマイナスすると、税務申告上の所得が計算されます。

以上が、税務会計の基本的な考え方と、所得の計算の仕方です。このようなしくみで、法人税などの申告書が作成されます。

78 税務会計とはどういうものか?

●税務会計が必要になる理由

収益	−	費用	=	利益
≠		≠		≠
益金	−	損金	=	所得

●利益と「所得」を調整するには

●収益だが益金ではない	益金不算入
●収益ではないが益金	益金算入
●費用だが損金ではない	損金不算入
●費用ではないが損金	損金算入

●税金の計算のもとになる所得の計算

利益 ＋ 益金算入 ＋ 損金不算入

− 益金不算入 − 損金算入

＝ 所得

収益≠益金、費用≠損金なので利益≠所得だから税務会計で調整が必要になる

5 そもそもなぜ会計が必要なのだろう①

経済をうまく回すには、会計の働きが不可欠になる！

■企業が経済活動を行なうには「会計」が必須！

この章の初めで触れたように、会計（財務会計）とは簡単にまとめると、たった3つのことです。①会社の活動をお金の面から捉えて記録し、②期末には決算書を作成し、③その決算書をステークホルダーに開示する、の3つです。

この3つのことが、実は私たちの社会を経済的な面から支えています。管理会計や税務会計には、また別の働きがありますが、やはり直接的・間接的に経済を支えている会計の一面です。

なぜ、会計が経済を支えていると言えるのか――具体的に見てみましょう。

まず、企業が事業のためのお金を集めるのに、決算書の開示が不可欠です。

企業が資金を調達する基本的な方法は、株式を発行して投資家に買ってもらうことにあります。

その投資家が、何をチェックして投資を決めるかと言えば、最も基本的なのは決算書の財政状態や経営成績です（→P34）。**決算書の開示がなければ、株式投資のほとんどは成り立たない**でしょう。

株を買って株主になってからも、その株を持ち続けて大丈夫か、毎期の決算書のチェックが欠かせないはずです。

ちなみに、株式投資にあたっても、管理会計の経営分析の手法はよく利用されます（→P187）。

なぜ会計が経済を支えていると言えるのか？①

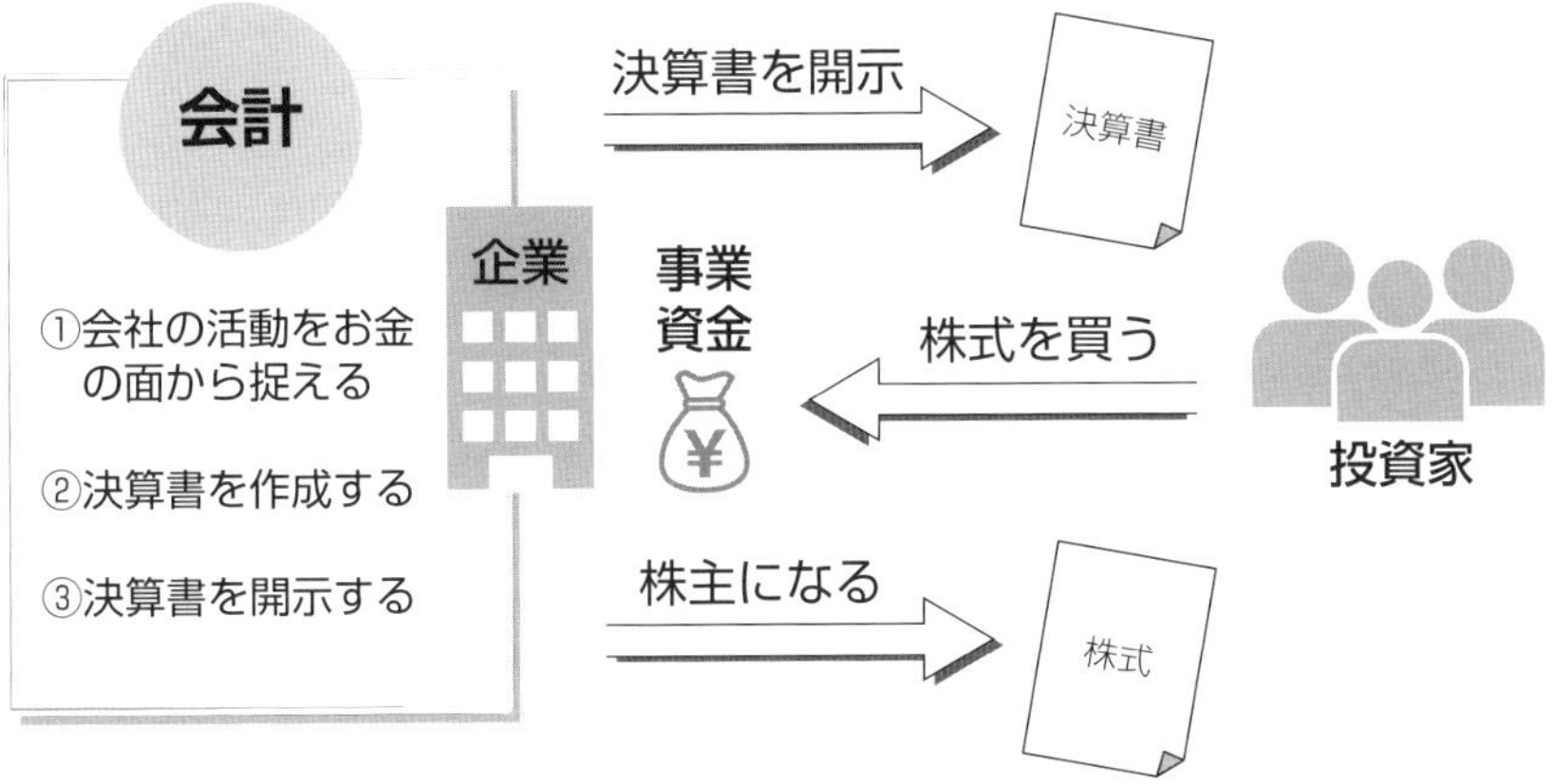

企業の経済活動の資金は、会計に支えられている

一方、企業の側から見ると、投資家に株式を買ってもらうためには最低限、決算書を開示しなければなりません。

そのためには**①会社の活動をお金の面から捉え、②決算書を作成する必要があります。つまり、会社が資金を集めて、経済活動を行なうことができるのも、会計の働きのおかげです。**

経済学では、家計（個人のこと）・企業・政府の3つを「経済主体」と言いますが、経済主体のひとつである企業が経済活動を行なえるのは、会計の働きがあるからです。

■個人も間接的に会計の働きを利用している

投資家と企業の話は、家計（個人）には関係ないと思うかもしれません。しかし個人でも、株式投信を買っていれば、そのファンドは株式に投資しています。

ファンド・マネージャーは、必ず決算書をチェックしているはずです。個人でも、間接的に会計の働きを利用していることになります。

公社債投信の場合でも、企業の社債が組み込まれていれば同じことが言えるでしょう。社債を発行した企業の決算書は、チェックされた上で債券投資の対象になっているはずです。

株式や投資信託を買っていない個人でも、銀行預金や、加入している生命保険はあるでしょう。

銀行は、金利が高い時代は、預金者から預かったお金を企業などに貸し出し、その利ざやで稼いでいました。企業への融資には当然、決算書のチェックが伴います。

超低金利になってからは、銀行の収益源は株式や債券での運用に移っていますが、株式や債券でも、決算書のチェックが伴うことは同じです。

いわば金融のプロですから、経営分析なども利用されているかもしれません。

そして生命保険。生保会社は、保険料を金融市場で運用する巨大な機関投資家です。銀行以上に膨大《ぼうだい》な決算書をチェックしているかもしれません。

私たちは、生命保険に入っただけでも、会計の働きを間接的に利用していることになります。

■金融機関や取引先も会計を利用する

会計の働きが利用されるのは、投資の分野に限りません。

株式非上場の会社では、資金調達を銀行などからの融資に頼ることも多いと思いますが、銀行などの金融機関が企業に貸し出しを行なう際は、まず決算書などがチェックされます。

貸し出しは、預金、為替と並ぶ「銀行の3大業務」のひとつですから、銀行の主要業務でも会計の働きが必要とされているわけです。

日常の取引でも、会計の働きが利用されます。取引先によっては、新規の取引を開始する際に決算書

なぜ会計が経済を支えていると言えるのか？②

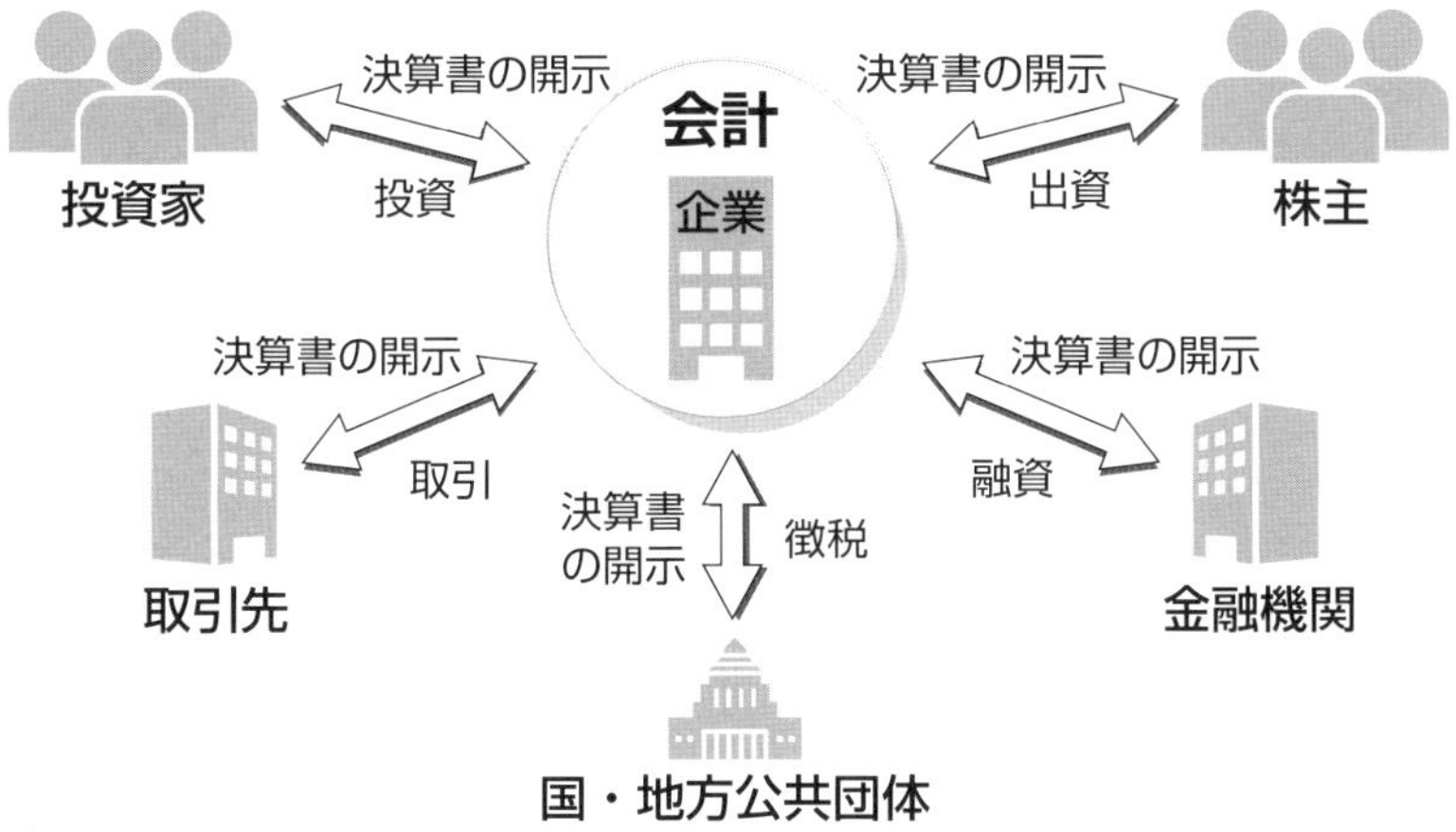

企業は会計の働きでステークホルダーとつながっている

の提出を求められるケースもあるのです。

取引先としても、取引を始めても大丈夫な会社か、財政状態と経営成績をチェックしたいということでしょう。

■国・地方公共団体とも会計でつながる

国や地方公共団体ももちろん、税務会計によって企業とつながっています。

法人税は国税で、国に入りますが、法人住民税と法人事業税は地方税です。特別法人事業税は、国税として徴収された後、譲与税として地方に分配されます。

「政府」は、3つの経済主体のうちのひとつですから、家計・企業・政府という3つの経済主体は、会計の働きによっても、経済的につながっていることになります。

このように、企業は会計の働きを通して様々なステークホルダーと経済的につながり、会計の働きは経済を支えているのです。

6 そもそもなぜ会計が必要なのだろう②

現代の会社は「発生主義」で損益の計算をしている

■会計は「真実な報告」をしなければならない

経済を支える会計には、様々なルールが定められています。これらのルールは、なぜ定められているのでしょうか。

もう一度、企業会計原則を引用してみましょう。

「企業会計は、企業の財政状態及び経営成績に関して、真実な報告を提供するものでなければならない」（一般原則の一）。

ポイントは「真実な報告」というところです。会社のステークホルダーに正しい報告をするために、様々な会計のルールがあります。

■たとえば〝掛け〟の仕入代金で考えてみる

現代の商取引では商品を先に受け取り、代金は後で支払うという〝掛け〟（＝信用取引）が当たり前です。

では、たとえば期末の3月31日に商品を仕入れたという場合、どのように報告すれば正しい報告になるでしょうか。

仮に、月末締めの翌月末払いだとすると、仕入代金の支払いは4月30日です。これでは、実際の支出が会計年度をまたぐことになってしまいます。

そこで再び、企業会計原則を見てみましょう。

「すべての費用及び収益は、その支出及び収入に基づいて計上し、その発生した期間に正しく割当てられるように処理しなければならない（後略）」（損益

どのように計上したら正しい報告ができるか?(例)

発生主義の原則　収益・費用は発生した期間に割り当てる

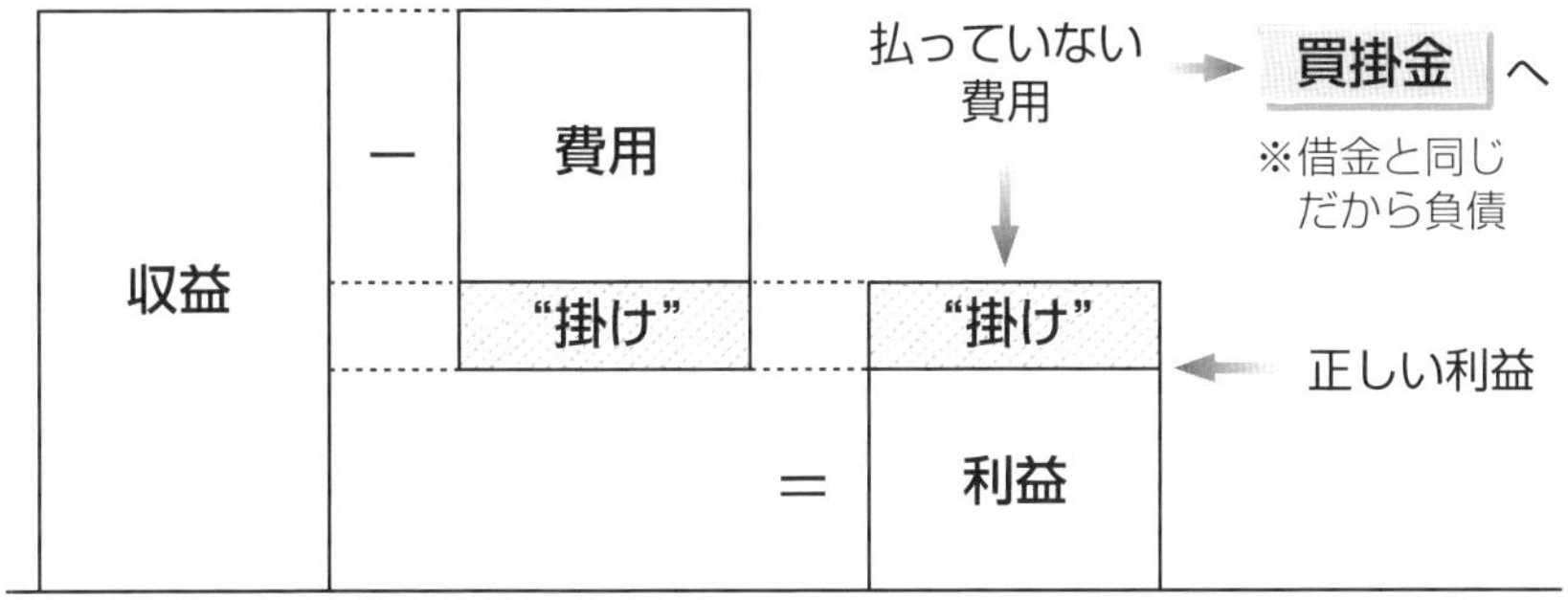

こうすれば「真実な報告」ができる

計算書原則の一A）とあります。

ここでのポイントは、「発生した」というところです。商品を受け取った時点で、すでに取引は「発生」しています。ですから、仕入代金は3月の会計期間に割り当てなければなりません。

しかし、実際の支出は4月ですから、代金を支払ったことにはできないでしょう。そこで〝掛け〟で買った代金、つまり「買掛金」として負債に計上するのです。

掛けで買った代金は、仕入先に対する借金と同じことなので、負債に計上します。

これは「発生主義の原則」と呼ばれる会計のルールのひとつです（→P124）。

以上は一例ですが、実際の取引では似たようなことがたくさん起こります。

それらをひとつずつ解決して、「真実な報告」をするために会計のルールは必要なのです。

7 会計には明文化されたルールがある

「企業会計原則」と「会計基準」が基本のルール

■企業会計原則とは？　会計基準とは？

前項で見た「発生主義の原則」のほかにも、いろいろな会計のルールがあります。

たとえば「費用配分の原則」というのは、建物や設備などの固定資産を購入したときの費用は、一度に計上せず、その固定資産を使う何年かの会計年度に配分しなければならない、というものです。

この原則に従って、すべての企業は建物や設備について減価償却の処理をしています（→P118）。

これらのそれぞれのルールに「原則」と付いているのは、「企業会計原則」（→巻末）に定められているからです。

企業会計原則には、会計の一般的なルールを示した「一般原則」と、決算書の作り方のルールである「損益計算書原則」「貸借対照表原則」があります。また、以上を解説しているのが「企業会計原則注解」です（→P142）。

さらに、**もっと細かな個別のルールを定めたものがあり、それぞれ「○○会計基準」という名前が付いています**。

たとえば、左の図にあげた「税効果会計」「金融商品」「退職給付」などです（→第5章）。これらの○○会計基準は、企業会計原則が総論だとすれば、各論にあたります。

以上の企業会計原則と、様々な○○会計基準を合わせた呼び方が「会計基準」です。

「企業会計原則」「会計基準」とは?

企業会計原則

- ●一般原則
- ●損益計算書原則
- ●貸借対照表原則　など

会計基準

- ●税効果会計に係る会計基準
- ●金融商品に係る会計基準
- ●退職給付に係る会計基準　など

会計基準に従うと……

①外部の人や社内の他部署の人も、理解してチェックできる
②ひとつの会社で、年度間の比較ができる
③会計基準に従う、他社との比較ができる

すべての企業が会計基準に従わなければならない(とされている)

■すべての会社は会計基準に従う

こうした会計基準に、すべての会社が従うことにより、図にあげたようなことが可能になっています。投資家が投資先の何社かを比較したり、取引先や金融機関が取引先・融資先の財政状態をチェックできるのも、すべての会社が会計基準に従っているためです。

もっとも、会計基準自体には法律のような強制力はありません。企業会計原則の前文に「すべての企業が（中略）従わなければならない」と書かれているだけです。

ですから、一般の社会道徳のようなものですが、実際にはほぼすべての企業が従っています。

また、法律も基本的には、会計基準に従って作られているものです。

そのため、会計基準に反した行為や会計処理をすると、商法や会社法、金融商品取引法などの法律で罪に問われる場合があります。

Column

“10万円未満は経費で落とせる”という本当の理由

会社の備品などを購入するときに「10万円」という金額を意識することはないでしょうか。意識したことがある人はおそらく、「10万円未満なら経費で落とせる」――という話を聞いたのだと思います。

これは、会計基準の定めではありません。税務会計――正確には法人税法施行令の第133条に「少額の減価償却資産の取得価額の損金算入」という定めがあります。

それによれば、減価償却資産であっても「取得価額が十万円未満であるもの」、または「使用可能期間が一年未満であるもの」は、「損金の額に算入する」とあります。つまり、減価償却をしないで“経費で落とせる”わけです。

ちなみに、第133条の二には、10万円以上20万円未満の減価償却資産は「一括償却資産」としてまとめて、３年間で３分の１ずつ償却できるという定めもあります（一括償却資産の損金算入）。

さらに、一定の「中小企業者」に限定して、30万円未満まで（１事業年度合計300万円まで）損金に算入することも可能です(中小企業者等の少額減価償却資産の特例)。こちらは、租税特別措置法に定めがあります（第67条の五）。

このように、会計処理の細かいところでは、会計基準というより、税法の定めに従っていることが多いものです。

第2章

決算書がわかれば会計がわかる

決算書の作成は、
いわば会計のゴール。
様々な〝情報〟がまとめられた、この決算書を知ることが、
会計のルールを知ることにつながる。

1

そもそも「決算」では何が行なわれるのか？

ムリヤリ「会計期間」を区切って、その期間の数字をまとめる

■経営成績は会計期間で、財政状態は期末日で！

前章で見たように、会計の大きな目的のひとつは決算書の作成です。その決算書を作るのが「決算」で、実際の会社の決算は、期末（決算日）を挟んで2～3カ月の仕事になります。

決算は、その会計期間の財政状態と経営成績を計算・報告するために、その期間の数字をまとめる仕事です。

なぜ、期間の数字をまとめる仕事が必要になるのでしょう。

会社は、株主などのステークホルダーに財政状態や経営成績を報告しなければなりません。

しかし、現実の会社の事業活動は、切れ目なく続いているものです。この日で切りがついたから、数字をまとめられるという日は、ありません。

そこで、ムリヤリ期間を区切ります。たとえば3月決算の会社なら、3月31日を決算日と定めて、前年の4月1日からの経営成績をまとめるわけです。

財政状態のほうは、期末の3月31日現在の財産や負債の数字をまとめます。

これが「会計期間」です。前年の3月31日以前は前の会計期間、今年の4月1日以降は次の会計期間ということになります。

■「決算整理」をして決算書を作成する

ところが、ムリヤリ期間を区切ったために、いろ

要するに「決算」では何をするのか？

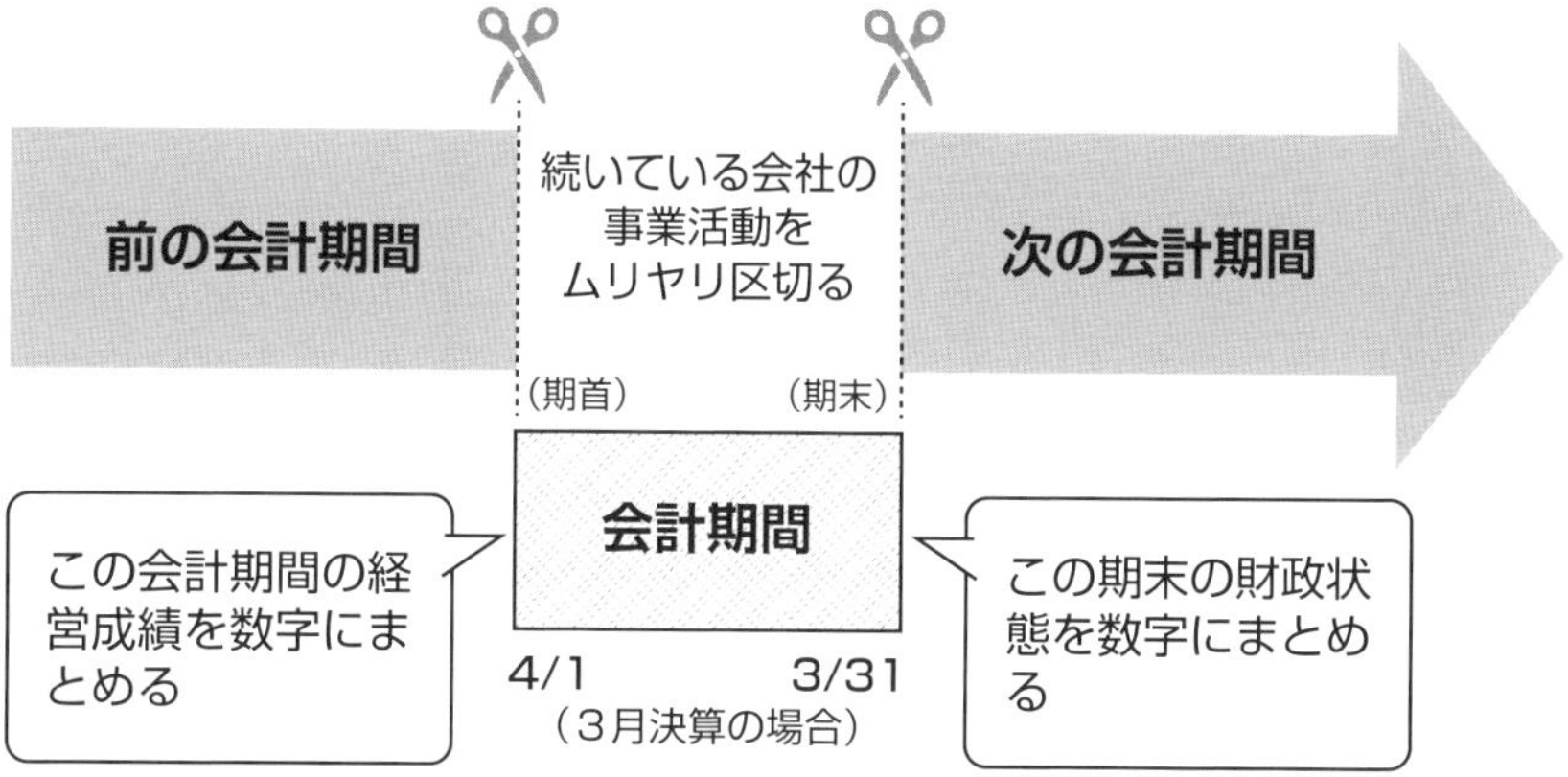

ムリに区切ったために「決算整理」が必要になる

いろな不都合も起こります。

前章で見た買掛金の問題もそうですが、逆に掛けで商品を売れば、今度は「売掛金」が発生するでしょう。これは会計期間の経営成績に、反映させなければなりません。

また、期末に残っている在庫は、財産（資産）として財政状態に反映させる必要があります。もし、金融機関からの借入金が残っていれば、それは負債です。

このように、**決算のために様々な数字を整理する仕事は、決算のうちでもとくに「決算整理」**と言います。

決算整理は、会計の具体的な業務——経理にとっては、会計年度の終わりに控える大仕事です。

すべての決算整理事項をチェックして整理し、「真実な報告」（→P46）ができる決算書を作成するのが、決算の仕事なのです。

2 会計のゴールには、なぜ4つの決算書があるのか？

複式簿記のしくみと、複数の法律の定めにより4つの決算書ができる

■「主要決算書」は4種類ある

決算書と聞くと、ひとつの書類のような感じを受けますが、実際は複数の書類のかたまりです。

ここまでの話では、貸借対照表と損益計算書が登場しましたが、主な決算書だけでも4種類あります。**貸借対照表、損益計算書に加えて、「キャッシュフロー計算書」、それに「株主資本等変動計算書」の4つです。**

厳密に言えば、法律で作成を義務づけられている書類はほかにもありますが、この4つが主な決算書ということになります。

ですから、この4つを指して「主要決算書」と呼ぶことがあります。

■4つの決算書はどういうものか？

貸借対照表は、これまでもお話ししたように、会社の財政状態をあらわして報告する決算書です。

会社の財産（資産）と、外部から借りているお金（負債）、株主から出資されたお金と会社が稼いだお金（純資産）に分けて、財政状態をあらわします。

一方、損益計算書は、会社の経営成績を損益であらわして報告する決算書です。

売上など会社に入ってくるお金（収益）から、その売上を上げるためなどにかかったお金（費用）を差し引いて、どれだけ儲かったか損をしたか（利益または損失）を計算し、報告します。この貸借対照表と損益計算書は、簿記（複式簿記）の手続きの

会計のゴール、4つの決算書とは?

会社の財政状態を資産・負債・純資産であらわす	**貸借対照表**	**損益計算書**	会社の経営成績を収益・費用・利益（または損失）であらわす
会社の現金と同等物の期中の流れをあらわす	**キャッシュフロー計算書**	**株主資本等変動計算書**	株主資本の期中の変動をあらわす

この4つが主な決算書、「主要決算書」と呼ぶことがある

ゴールとして、できあがる決算書です。

次に、キャッシュフロー計算書は、文字どおり現金（と同等のもの）の流れをあらわして報告するものです。

会社は、利益を上げていても、支払う現金がなければ黒字倒産もあり得るのですから（→P39）、損益計算書で利益を見るだけでなく、キャッシュフロー計算書で現金の流れを見ることは重要です。

現金の流れを見るためにキャッシュフロー計算書は、「営業活動によるキャッシュフロー」、「投資活動によるキャッシュフロー」、「財務活動によるキャッシュフロー」の3つのキャッシュフローに分けて、現金の流れをあらわしています（→P78）。

4番目の株主資本等変動計算書は、「株主資本等」の期間中の変動をあらわして報告する決算書です。株主資本等とは、簡単に言うと貸借対照表の純資産を指しています。

貸借対照表の純資産は、たとえば会社が解散するときには、株主のものになるお金です。ですから、その中心を**株主資本**と呼びます。

以前は、期中に純資産が変動することはあまりなかったのですが、法律の改正で現在は、期中に株主への配当が自由にできたり、自社の株式を買い入れること（自己株式）などが可能になっています。

そこで、期中の株主資本等の変動をあらわす計算書の作成も義務づけられているわけです。


この4つの決算書の関係ですが、**貸借対照表と損益計算書は「利益」でつながっています**。

利益を計算する方法に、財産の増減から計算する方法と、収益から費用を引いて計算する方法があることは、先にお話ししたとおりです（→P36）。

また、キャッシュフロー計算書は、大ざっぱに言うと貸借対照表の資産の冒頭にある「現金預金」の明細になります。

株主資本等変動計算書は、貸借対照表の純資産の期中の変動の明細です。

■決算書を「財務諸表」とも呼ぶワケ

決算書のことを「財務諸表」と呼ぶことも多いと思いますが、財務諸表は金融商品取引法や会計基準での呼び方です。

株主資本等変動計算書を除く、主要決算書の3つを「財務3表」と呼ぶこともあります。


このような決算書の呼び方は法律によって異なり、金融商品取引法では財務諸表ですが、会社法では「計算書類」になります。そして、法人税法でときどき使われるのが、決算書という呼び方です。


このように、複数の法律が決算書の作成・開示を義務づけていますが、目的は法律によりそれぞれ異なります。

会社法は、債権者の保護や取引の安全を目的とした法律です。そのために、計算書類の作成・開示を義務づけています。

一方、法人税法は公平な課税を、金融商品取引法は会社に出資する投資家の保護を目的とした法律です。それらの目的から、決算書や財務諸表の作成・開示を義務づけているわけです。


いずれにしても決算書（財務諸表、計算書類）は会計の、1会計期間のゴールです。

そして、以上で見てきたように、複式簿記の手続きのしくみと、複数の法律の定めにより、会計のゴールには4つの決算書があるのです。

4つの決算書のつながり、関係は?

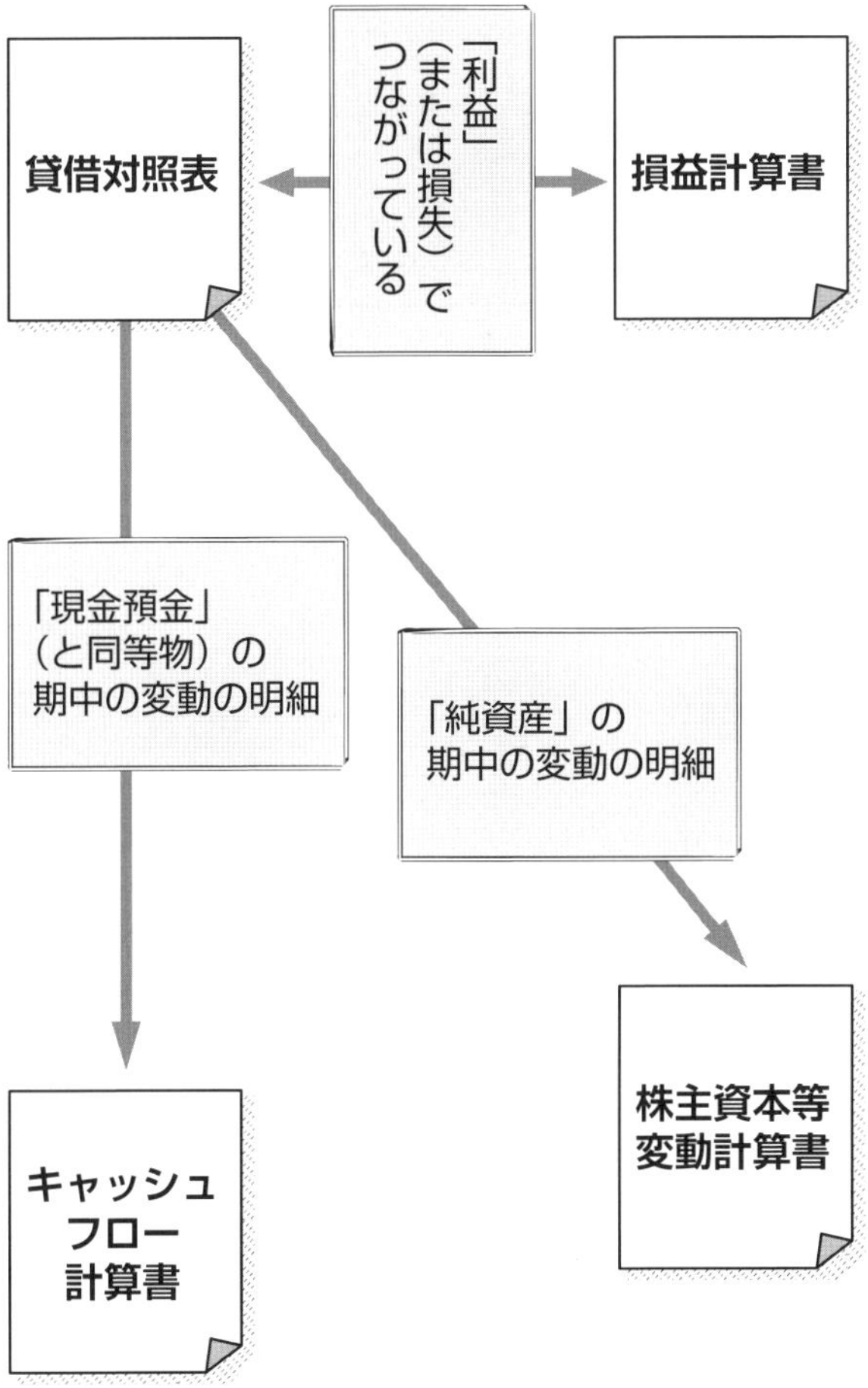

貸借対照表と損益計算書は利益でつながり、貸借対照表の一部分の明細が2つの計算書に！

3 貸借対照表でわかる、会社の「財政状態」とは？

貸借対照表は資産と負債・純資産を対照している

■お金の出どころと使い途が一覧できる表

貸借対照表から順に、具体的な内容を見ていきましょう。左に掲げたのが貸借対照表のひな型です。

貸借対照表は〝貸〟（貸方）と〝借〟（借方）が右と左で対照になった表です。なぜ左右が対照になっているかというと、会社の財政状態を明らかにするためです。

第1章で見たように、会社は株主から出資を受けたり、金融機関から融資を受けたりしてお金を集め、そのお金を使って事業活動を行ない、利益を上げていきます。

とすると、お金を出資した株主や、お金を貸した金融機関が知りたい財政状態とは、

①お金をどのようにして集めたか？
②集めたお金をどのように使っているか？

ということです。

しかも、集めたお金（利益から蓄えた分も含む）以上のお金は、使いたくても使えませんから、**集めたお金と使っているお金は、必ず同じ額になる**はずです。

これがすなわち、貸借対照表の構造になっています。

つまり、集めたお金の出どころを右側（貸方）にまとめ、そのお金の使い途《みち》を左側（借方）にまとめると、株主や金融機関などが知りたい財政状態が一覧できます。そして、集めたお金とお金の使い途は

貸借対照表は資産と負債・純資産を対照する

貸借対照表

（○年○月○日現在）

（単位：百万円）

科　目	金　額	科　目	金　額
（資産の部）		（負債の部）	
流動資産	XXX	流動負債	XXX
現金及び預金	XXX	支払手形	XXX
受取手形	XXX	買掛金	XXX
売掛金	XXX	短期借入金	XXX
契約資産	XXX	リース債務	XXX
有価証券	XXX	未払金	XXX
商品及び製品	XXX	未払費用	XXX
仕掛品	XXX	支払法人税等	XXX
原材料及び貯蔵品	XXX	契約負債	XXX
前払費用	XXX	前受金	XXX
その他	XXX	預り金	XXX
貸倒引当金	XXX	前受収益	XXX
固定資産	XXX	○○引当金	XXX
有形固定資産	XXX	その他	XXX
建物	XXX	固定負債	XXX
構築物	XXX	社債	XXX
機械装置	XXX	長期借入金	XXX
車両運搬具	XXX	リース債務	XXX
工具器具備品	XXX	○○引当金	XXX
土地	XXX	その他	XXX
リース資産	XXX	**負債合計**	XXX
建設仮勘定	XXX	（純資産の部）	XXX
その他	XXX	株主資本	XXX
無形固定資産	XXX	資本金	XXX
ソフトウェア	XXX	資本剰余金	XXX
リース資産	XXX	資本金準備金	XXX
のれん	XXX	その他資本剰余金	XXX
その他	XXX	利益剰余金	XXX
投資その他の資産	XXX	利益準備金	XXX
投資有価証券	XXX	その他利益剰余金	XXX
関係会社株式	XXX	○○積立金	XXX
長期貸付金	XXX	繰越利益剰余金	XXX
繰延税金資産	XXX	自己株式	XXX
その他	XXX	評価・換算差額等	XXX
貸倒引当金	XXX	その他有価証券評価差額金	XXX
繰延資産	XXX	繰延ヘッジ損益	XXX
社債発行	XXX	土地再評価差額金	XXX
		株式引受権	XXX
		新株予約権	XXX
		純資産合計	
資産合計		**負債・純資産合計**	

（日本経済団体連合会「会社法施行規則及び会社計算規則による株式会社の各種書類のひな型」より作成）

同額なので、左右（借方・貸方）の合計は必ず一致するわけです。

むずかしい用語で言うと、お金の出どころは「資本の調達源泉」、お金の使い途は「資本の運用形態」と言います。前ページの貸借対照表を大ざっぱにまとめたのが左の図です。

貸借＝左右が必ずバランスするので、英語では「バランスシート」、略して「ビーエス」と言い、「B／S」と書くことがあります。

■負債は返済するが純資産は返済しない

貸借対照表では、お金の使い途の資産はひとつにまとめていますが、お金の出どころは負債と純資産に分けられています。

これは、同じお金の出どころと言っても、負債と純資産では性格が大きく異なるからです。負債は、いわば借りたお金ですから、必ず返済しなければなりません。

負債には、会社が債券を発行してお金を借りる社債もありますが、いつか償還期限が来て、返済しなければならないのは同じです。

一方、株主に出資してもらったお金と、利益から蓄えたお金は、会社が解散でもしない限り、永遠に返済の必要がありません。

株主は、特別な場合を除いて、会社に株式の買取りを請求できないことになっています。

このように、負債と純資産は同じく資本の調達源泉でも、まるで性格が違うので２つに分けられているのです。

もっとも、負債も調達した資本ですから、他人から借りた資本という意味で「他人資本」と呼ぶことがあります。

その場合は**純資産も、返済の必要がない自分の資本という意味で「自己資本」、その中心は最終的に株主のものという意味で「株主資本」と呼びます。**

貸借対照表の構造はこうなっている

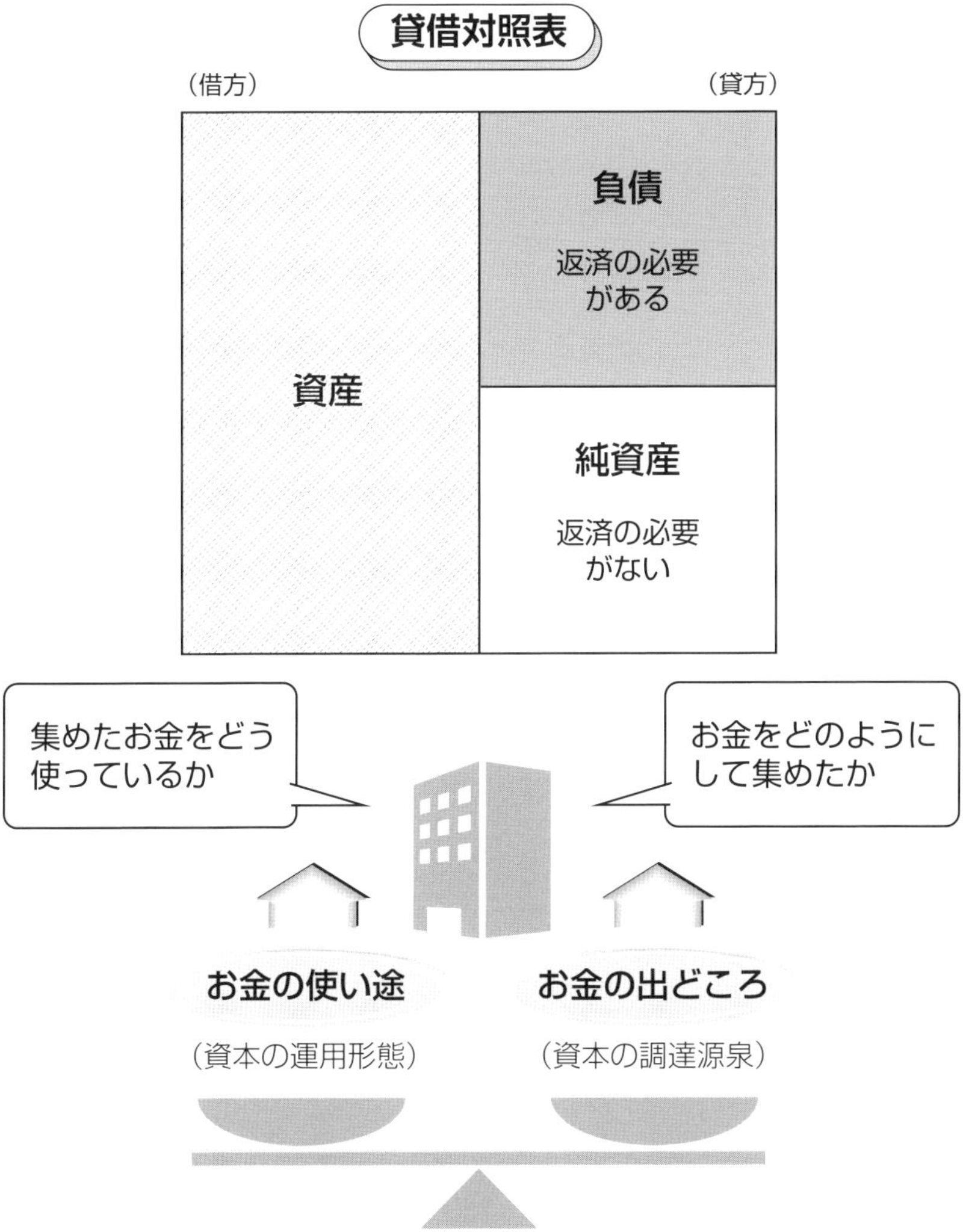

お金の出どころとお金の使い途は同額になる。
左右がバランスするから「バランスシート」

4 貸借対照表の科目は、どんなルールで並べるか？

分類の仕方や並べ方にもルールが定められている

■資産に3つ、負債に2つの中分類を設ける

貸借対照表は資産・負債・純資産の3つに大分類するのが基本のルールですが、それ以外を各社の自由に任せたのでは、やはり各社バラバラの貸借対照表になってしまいます。

それでは株主などが理解できなかったり、他社と比較したりできなくなってしまうでしょう。

そこで、貸借対照表原則などの会計のルールは、次の4つについて決まりを設けています。

①資産・負債・純資産の内容をどう区分するか？
②全体をどんな順序で並べるか？
③どのような勘定科目に分類するか？
④どのような金額を載せるか？

まず、資産と負債の内容を区分するルールですが、資産の部は「流動資産」「固定資産」「繰延資産」の3つに中分類する決まりです。負債の部は「流動負債」「固定負債」の2つに中分類します。

このように分類されていることを、59ページの貸借対照表のひな型で確認してみましょう。

■「流動」と「固定」に分ける

資産にも負債にも「流動」「固定」の分類があります。流動は〝現金化しやすい〟、固定は〝現金化しにくい〟という意味です。

とはいえ、現金化のしやすさ・しにくさにもいろいろありますから、どこかで線を引かなければなりません。そこで、流動と固定を区分する2つのルー

資産と負債に中分類を設ける

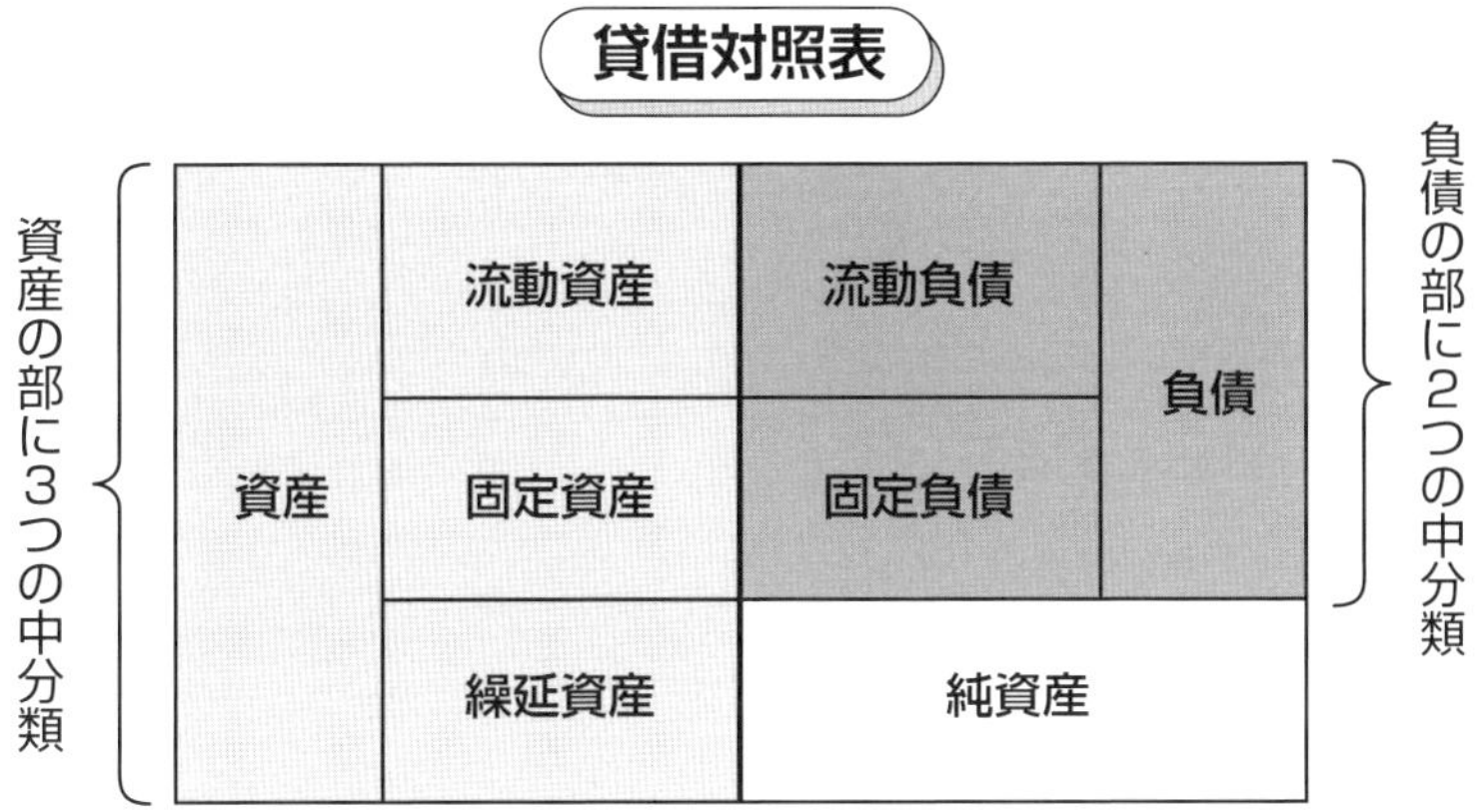

「流動」と「固定」は2つのルールで分ける

ルがあります。

ひとつは、会社の営業活動のサイクルから発生したものは、流動にするというルールです。

つまり、現金→仕入れ→商品→販売→売掛金・受取手形→現金、というサイクルの中で発生したものは流動資産、流動負債になります。

このルールによれば、現金及び預金・受取手形・売掛金・有価証券・商品などはすべて流動資産、支払手形・買掛金などは流動負債です。

このルールは「正常営業循環基準」と言います。

もうひとつの流動・固定を分けるルールは、営業取引以外で発生した資産・負債は、1年以内に現金化するものを流動にするというものです。

この基準によれば、同じ預金でも普通預金と、1年以内に現金化する定期預金が流動資産、それ以外は固定資産と明確に区分できます。

負債では、たとえば1年以内に現金で返済する借入金が流動負債、それ以外の借入金は固定負債です。

このルールは「1年基準」、または別名を「ワンイヤー・ルール」と呼ばれています。

■全体を現金化しやすい順に並べる

実は、中分類の中の科目（勘定科目）の並べ方も、〝現金化しやすい〟という基準で並べられています。

流動・固定の分類も含めて、全体がこの基準で並べられているわけです。この並べ方を**「流動性配列法」**と言います。

資産を現金化しやすい（流動性が高い）順に並べるのは、流動性が高い資産は会社の安全性を高めるために重要だからです。

流動性が高い資産は、資金繰りに詰まったときにも、早く現金化して支払いにあてることができます。黒字倒産の危機にも対応しやすいわけです。

固定資産は、短い時間では現金化しにくいので、急な危機には対応がむずかしくなります。

また、負債を流動性が高い順に並べるのは、流動負債に分類される負債ほど、リスクが高いからです。

流動負債に分類される負債は、1年以内など、すぐに返済期日が到来します。その返済がきちんとできなければ、やはり会社は黒字倒産の危機に直面するのです。

■科目の金額を相殺することはできない

③の勘定科目の分類については、とくに細かく定められているわけではありません。会計のルールはただ、一定の基準で明確に分類しなさいと定めているだけです。

しかし、一定の基準とは会計のルール自体と、関係する法令や規制のことなので、それらに従うと結果として、どこの会社でも同じような勘定科目の分類を使うことになります。

④のルール、貸借対照表に載せる金額については、重要なルールがひとつあります。それは、ひとつの

貸借対照表は全体の並べ方にルールがある

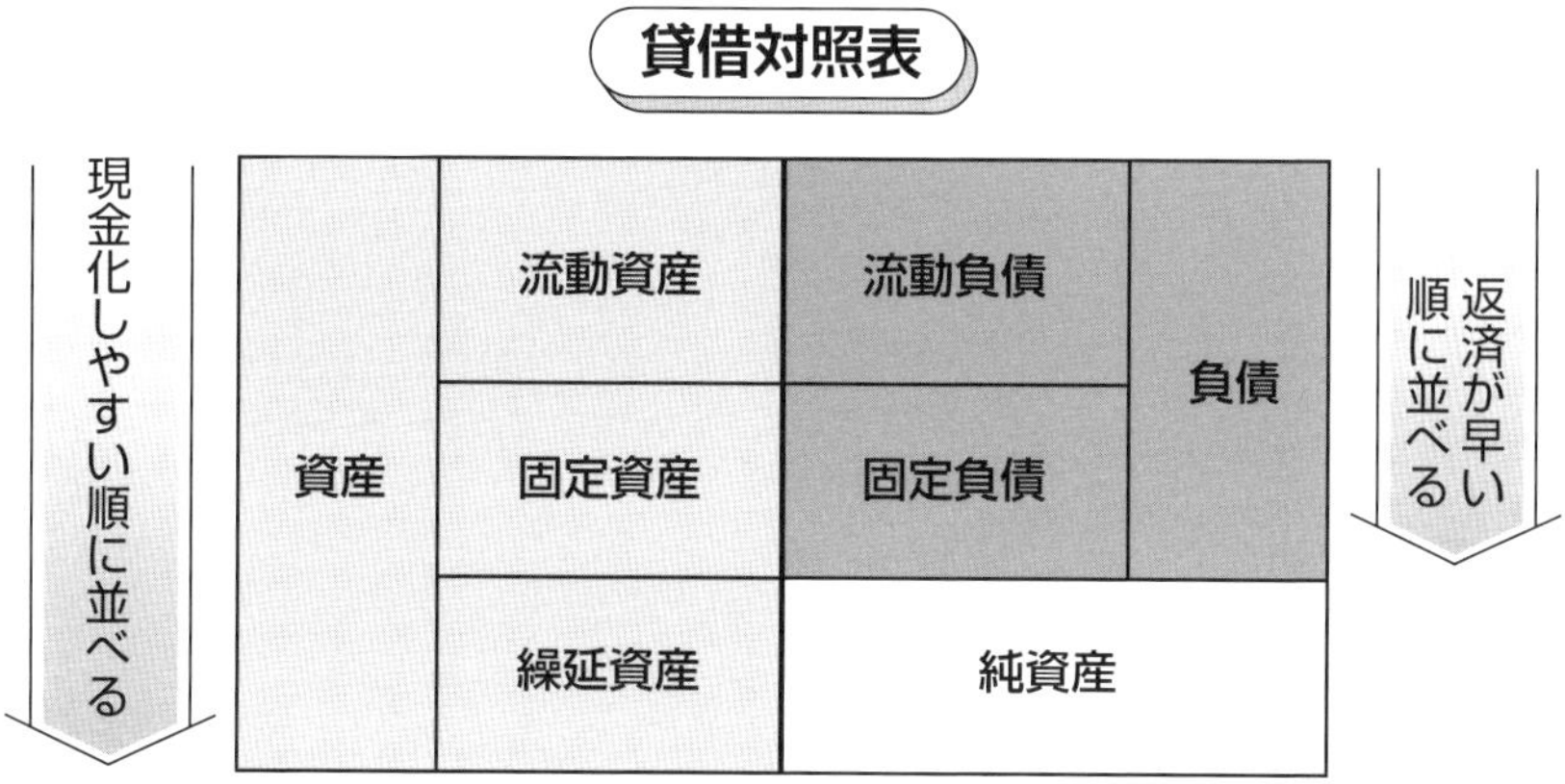

「流動性配列法」で会社の安全性がわかる

科目の金額と他の科目の金額を相殺してはいけないというルールです。

たとえば、ある仕入先に１００万円の買掛金（負債）があり、一方でその仕入先に70万円の貸付金（資産）があるという場合でも、相殺して30万円の買掛金とすることはできません。

このルールは、損益計算書にも適用される重要なルールで、**「総額主義の原則」**と言います。

このほか、資産の部には繰延資産という中分類がありますが、これは一種の費用のようなものです。

費用ではありますが、費用としての効果が何年にもわたってあらわれるため、いったん資産に計上しておき、通常、5年にわたって費用にします。「費用収益対応の原則」という会計のルールによるものなので、細かくは後で説明します（→P122）。

また、純資産の部については、株主資本等変動計算書の項で併せて取り上げます（→P82）。

5 損益計算書でわかる、会社の「経営成績」とは？

営業利益、経常利益、当期純利益で成績を明らかにする

■会社では様々な収益・費用が発生する

損益計算書は、貸借対照表と並ぶ重要な決算書です。貸借対照表が財政状態をあらわすのに対し、「経営成績」をあらわします。

英語では「プロフィット・アンド・ロス・ステートメント」、利益と損失の計算書という意味です。略して「ピーエル」と言い、「P／L」とも表記します。69ページにあげたのが、損益計算書のひな型です。

69ページの損益計算書を見ると、貸借対照表のひな型とは異なり、左右対照の一覧ではなく、上から下へ順序立てて並べていることがわかります。

これは、**損益計算書の役割である経営成績をわかりやすく、明らかにするため**です。

というのも、会社では様々な収益・費用が発生しています。本来の業務（本業）で上げた収益もあれば、アルバイト的に行なった株式投資で上がった収益もあるでしょう。

たまたま、不要になった土地を売却したら、値上がりしていて差益が出てしまった、という収益もあるかもしれません。

そして、それらの収益には、それぞれ一定の費用がかかっています。

それらを収益・費用として一括し、一覧にしたのでは、どの収益・費用から、どれだけの損益が出ているのか、わかりにくくなります。

そこで損益計算書では、収益の性質ごとにその費

3つの損益を計算して経営成績を明らかにする

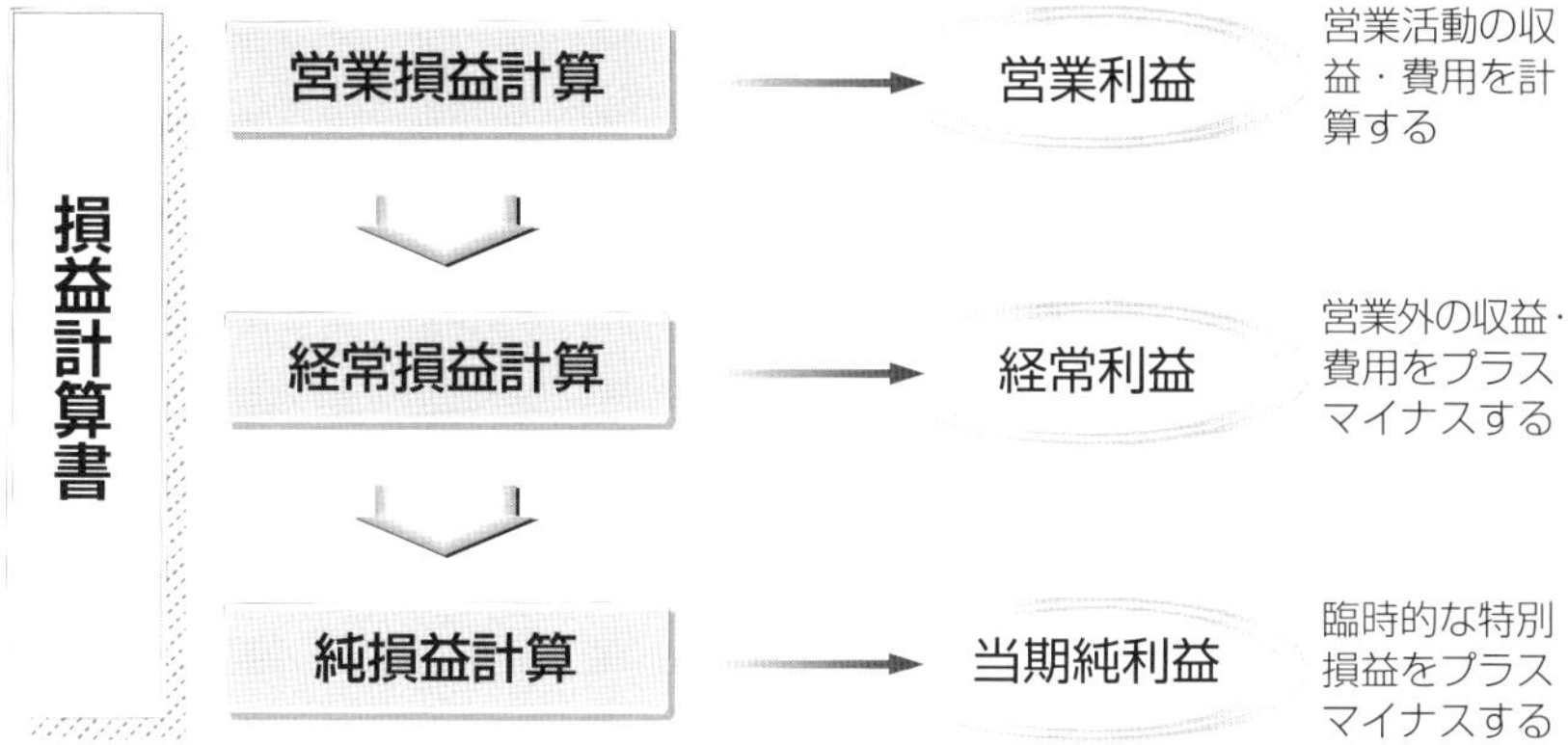
損益計算書
営業損益計算
営業利益
営業活動の収益・費用を計算する
経常損益計算
経常利益
営業外の収益・費用をプラスマイナスする
純損益計算
当期純利益
臨時的な特別損益をプラスマイナスする

この３つの計算が損益計算書の最も基本的な計算

用をまとめ、そのつど、その段階の損益を計算するしくみにしているのです。

■営業損益計算、経常損益計算とは？

会社の事業活動を考えてみると、まず本業の営業活動から収益・費用が発生しています。そこで最初に、「営業損益計算」を行ないます。

本業の営業活動から発生した収益（売上）から、そのためにかかった費用を差し引いて利益を計算するわけです。ここで計算できる利益を「営業利益」と言います。

しかし、会社の活動は営業活動だけではありません。ときには借入れが必要になって利息を払うし、逆に預金をすれば利息を受け取ります。

預金の代わりに株式で運用すれば、配当を受け取る場合もあるでしょう。

こうした営業外の活動は、本業ではないものの、会社にとっては日常的（経常的）なものと言えます。

そこで、経常的な収益・費用を計算する「経常損益計算」が必要です。

その計算の結果を、先の営業利益にプラスマイナスしたものを「経常利益」と言います。

■そして当期純利益が計算される

さらに、先にあげた例のように、固定資産を売却したら利益が出たというケースもあるでしょう。反対に、災害で被害を受けて損失が出る場合もあるかもしれません。

これらは会社にとって、臨時的・特別なものなので「特別損益」と呼びます。

この特別損益を、先の経常利益にプラスマイナスして計算されるのが「純利益」です。この計算は、当期純利益（損失）が計算されるので「純損益計算」と言います。

以上の3つ、営業損益計算、経常損益計算、純損益計算が、損益計算書の最も基本的な計算です。基本的にはこの3つの計算で、損益計算書は経営成績を明らかにしています。

■一般的なのは「報告式損益計算書」

実は、貸借対照表のように一覧して、左右に対照した損益計算書を作成することもできます。「勘定式損益計算書」と呼ばれるものです。**左の損益計算書は「報告式損益計算書」と言います。**

複式簿記の考え方からすれば、図の右下のような勘定式損益計算書のほうが基本的な形です。

しかし、営業損益計算、経常損益計算、純損益計算の区別がわかりにくくなるので、一般的には報告式のほうが作成・開示されています。

ちなみに、報告式貸借対照表というものも存在します。

一般的なのは59ページのような勘定式貸借対照表ですが、たとえば上場企業が開示する有価証券報告書の貸借対照表は、資産・負債・純資産を縦に並べた報告式です。

なお、左の損益計算書を見ると、営業利益、経常利益、当期純利益のほかに、売上総利益、税引前当期純利益の利益を計算していることがわかります。実際の損益計算書は、5つの利益を計算しているわけです（次項に続く）。

損益計算書は上から下に計算していく

損益計算書

（自○年○月○日　至○年○月○日）　（単位：百万円）

科　目	金　額	金　額
売上高		×××
売上原価		×××
売上総利益		×××
販売費及び一般管理費		×××
営業利益		×××
営業外収益		
受取利息及び配当金	×××	
その他	×××	×××
営業外費用		
支払利息	×××	
その他	×××	×××
経常利益		×××
特別利益		
固定資産売却益	×××	
その他	×××	×××
特別損失		
固定資産売却損	×××	
減損損失	×××	
その他	×××	×××
税引前当期純利益		×××
法人税、住民税及び事業税	×××	
法人税等調整額	×××	×××
当期純利益		×××

（日本経済団体連合会「会社法施行規則及び会社計算規則による株式会社の各種書類のひな型」より作成）

〈報告式損益計算書〉〈勘定式損益計算書〉

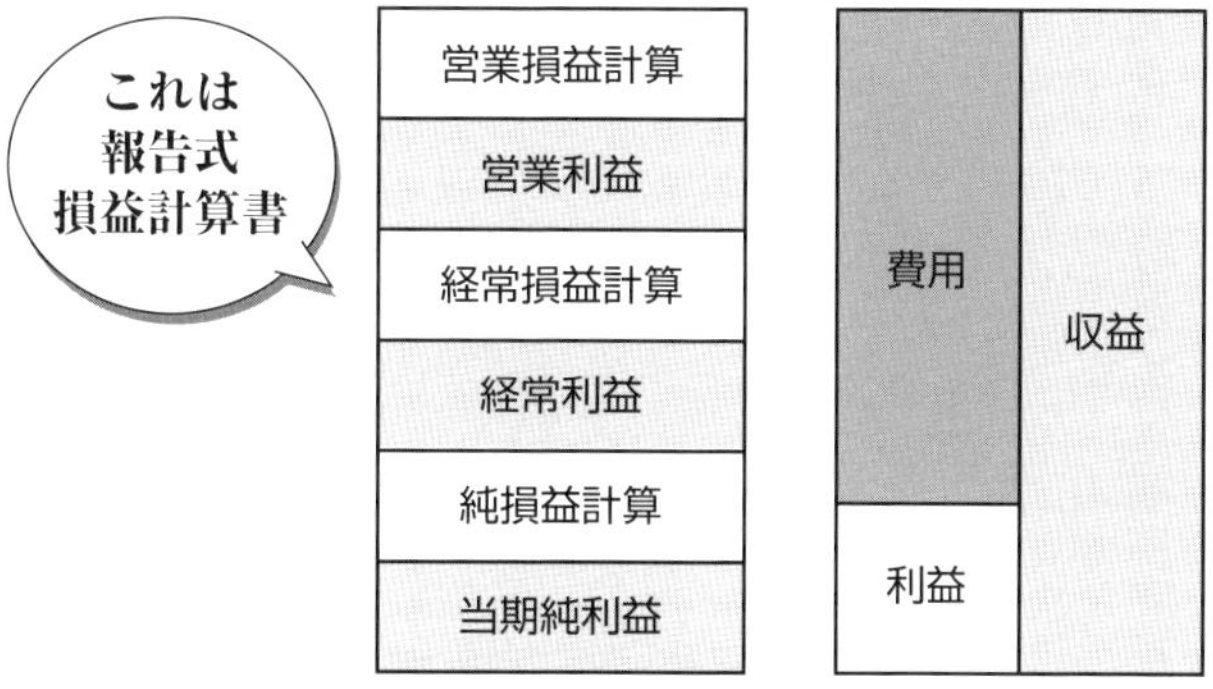

6 損益計算書は5つの損益を計算している

売上総利益と税引前当期純利益を加えて計5つ

■なぜ計算する損益が5つになるのか?

実際の損益計算書が５つの利益を計算しているのは、「売上総利益」と、「税引前当期純利益」の２つの利益も計算しているからです。

まず、売上総利益から見てみると、前項の営業損益計算は、営業損益計算としてひとつにまとめていますが、実は２つの費用を差し引いています。

ひとつは仕入原価や製造原価などの「売上原価」、もうひとつはいわゆる経費（→巻末）、すなわち「販売費及び一般管理費」です。

そこで、損益計算書では営業損益計算を2段階に分けています。まず、売上原価を引いて売上総利益を計算し、次に販売費及び一般管理費を引いて、営業利益を計算しているわけです。

これが、実際の損益計算書で売上総利益が加わっている理由です。

次の経常損益計算では、以上のような2種類の費用が差し引かれることはありません。

しかし、その次の純損益計算では、当期純利益を計算した後に、法人税などの税金が差し引かれます。**法人税などの税金は、大ざっぱに言うと当期純利益に対してかかる**からです。

そこで、税金を引く前の当期純利益を「税引前当期純利益」とし、税金を引いた後のほうを当期純利益とします。これが、損益計算書の利益に税引前当期純利益が加わっている理由です。

■売上原価を差し引いたものが売上総利益

それでは、損益計算書の5つの損益を順に見ていきましょう。

売上高から売上原価を引いて、最初に計算される第一段階の利益が「売上総利益」です。売上総利益は別名を粗《あら》利益、アラリと言います。

販売業などの方は、商品の売り値から仕入れ値を引いた差額をアラリと呼ぶことがあるでしょう。アラリは、商品ごとの利益の大小が端的にわかるので、販売の現場などで便利に使われています。

そのアラリを、会社全体で見るのが売上総利益というわけです。

ただし、単純に売上高から仕入れた額を引くのではありません。売上高から引く売上原価とは文字どおり、売り上げた分の商品や製品の原価です。売れ残った在庫の分は含みません。

では、どうやったら売り上げた分だけの原価が計

損益計算書の5つの利益

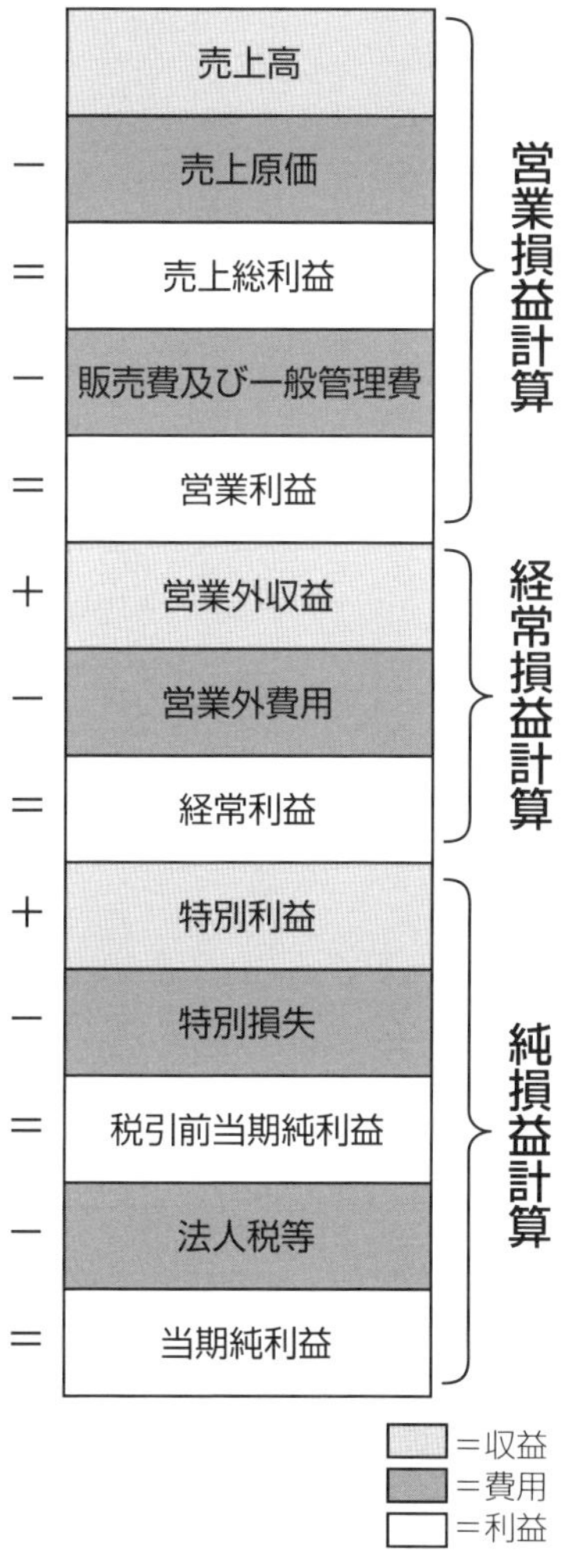

売上総利益と税引前当期純利益を加えて計5つ

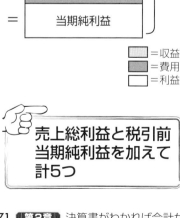

算できるか、それを示したのが左の図です。

まず、期首に残っていた在庫（期首棚卸高）に、期中に仕入れた分（当期仕入高）を足します。次に、期末に残った分（期末棚卸高）を引くと、それが当期に売れた分（当期売上原価）という考え方です。損益計算書によっては、このような計算プロセスを表示していることがあります。

このようにして計算した売上原価を、売上高から引くと、前ページの図のように売上総利益が計算されるわけです。**売上総利益は、第一段階の利益**です。これが大きいほど、売上原価以外の費用を吸収して利益を出す力が大きくなります。

■営業利益は会社の本業で上げた利益

売上総利益から差し引く費用が「販売費及び一般管理費」です（→P71図参照）。

たとえば、商品を販売するためには仕入原価だけでなく、販売に必要な荷造運賃や通信費、より多く販売するためには、広告宣伝費や接待交際費といった費用が必要になります。これらが販売費です。

また、会社には、販売のための費用だけでなく、営業活動全般のための管理的な費用も発生します。家賃や水道光熱費、管理部門の人員の給与、固定資産税等の税金などです。

これらが一般管理費で、販売費と合わせて販売費及び一般管理費となります。

そして、売上総利益から販売費及び一般管理費を引いたものが営業利益です。営業で上げた利益から、営業のためにかかった費用を差し引いているので、営業利益はいわば、会社の本業で上げた利益です。

■経常利益と税引前当期純利益、当期純利益

しかし、営業活動だけでは会社は成り立ちません。預金や株式の取得などの財務活動をすれば、営業外の収益として受取利息や受取配当金が発生します。また、反対に借入れなどをすれば、支払利息などの費用も必要です。

売上原価はこんな考え方で計算する

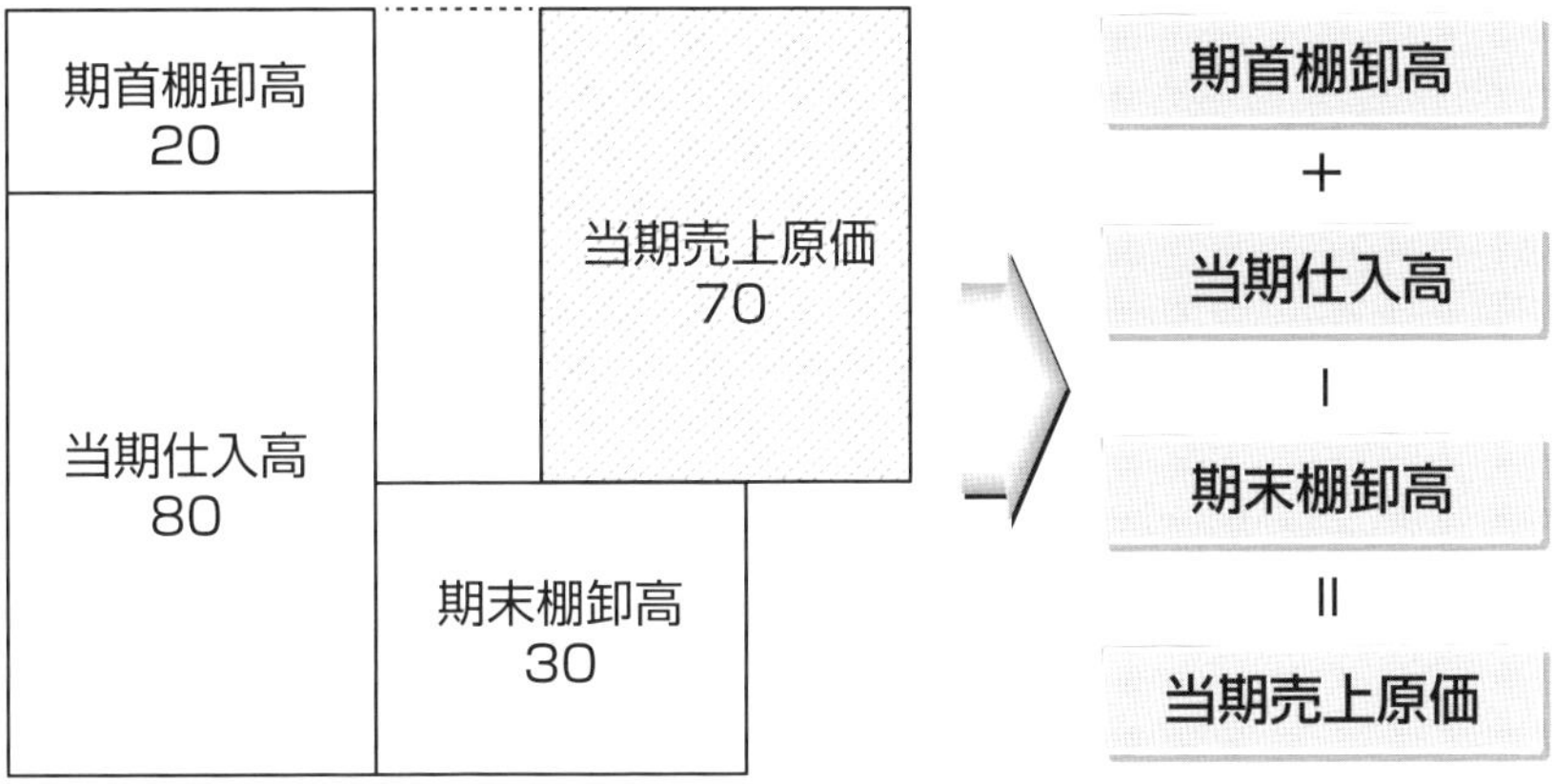

売上原価は「売り上げた」分だけの原価

営業利益に、以上のような営業外収益を足し、営業外費用を引くと経常利益が計算されます。経常利益は、会社の経常的な（通常の）状態での利益ですから、会社内外の関係者から注目される利益です。

次の特別損益には、臨時的な事柄や特別な事態で発生した損益が計上されます。固定資産の売却益や、災害による損失などです。

特別「損益」とあるように、これらは損益計算書の中では例外的に、収益と費用を相殺した損益の額を計上します（→P138）。

経常利益に特別損益をプラスマイナスしたものが、税引前当期純利益です。ここから法人税等を差し引きます。「法人税等調整額」（→P167）もプラスマイナスしますが、主なものは法人税・住民税・事業税の、いわゆる法人3税です。

法人税等を差し引いた当期純利益が、会社が自由にできる最終的な利益になります。

7 キャッシュフロー計算書は何を計算するのか？

キャッシュは「現金」と「現金同等物」のこと

■利益とキャッシュを比べてみる

貸借対照表、損益計算書に続く第3の決算書は「キャッシュフロー計算書」です。キャッシュフロー計算書は、キャッシュ＝現金の、フロー＝流れを計算します。

つまり、キャッシュフロー計算書は、会社の資金の増減に関する情報を報告する決算書です。

貸借対照表が報告する「財政状態」、損益計算書が報告する「経営成績」に加えて、キャッシュフロー計算書は「資金の増減」を計算して報告します。

貸借対照表で会社のお金である財産の状態をあらわし、損益計算書で会社の利益（損失）を計算しているのに、なぜ資金の増減まで計算する必要があるのでしょうか。

これは、「利益」と「現金」を比べてみるとわかります。

これまで見てきたように、貸借対照表と損益計算書は、主に利益の計算を目的とする決算書です。ところが、「利益」というものには、いわば構造的な欠陥があります。

たとえば、46ページで見たように、収益と費用は「発生」した期間に割り当てるものです。当然、収益から費用を引いた利益は、発生した期間で計算しなければなりません。

ですから、46ページの例にあるように、支払いが期間をまたいだときなどは、買掛金として、支払っ

キャッシュフロー計算書はどんな形か？

キャッシュフロー計算書

（単位：100万円）

Ⅰ　営業活動によるキャッシュフロー	×××
営業収入	×××
原材料または商品の仕入支出	−×××
人件費支出	−×××
その他の営業支出	−×××
小計	×××
利息及び配当金の受取額	×××
利息の支払額	−×××
損害賠償金の支払額	−×××
……	×××
法人税等の支払額	−×××
営業活動によるキャッシュフロー	×××
Ⅱ　投資活動によるキャッシュフロー	
有価証券の取得による支出	−×××
有価証券の売却による収入	×××
有形固定資産の取得による支出	−×××
有形固定資産の売却による収入	×××
投資有価証券の取得による支出	−×××
投資有価証券の売却による収入	×××
連結範囲の変更を伴う子会社株式の取得による支出	−×××
連結範囲の変更を伴う子会社株式の売却による収入	×××
貸付による支出	−×××
貸付金の回収による収入	×××
……	×××
投資活動によるキャッシュフロー	×××
Ⅲ　財務活動によるキャッシュフロー	
短期借入による収入	×××
短期借入金の返済による支出	−×××
長期借入による収入	×××
長期借入金の返済による支出	−×××
社債の発効による収入	×××
社債の償還による支出	−×××
株式の発効による収入	×××
自己株式の取得による支出	−×××
配当金の支払額	−×××
少数株主への配当金の支払額	−×××
……	×××
財務活動によるキャッシュフロー	×××
Ⅳ　現金及び現金同等物に係る換算差額	×××
Ⅴ　現金及び現金同等物の増加額	×××
Ⅵ　現金及び現金同等物の期首残高	×××
Ⅶ　現金及び現金同等物の期末残高	×××

てもいない代金を借金（負債）に計上するわけです。代金分の資金は、手元に残っています。

逆に、掛けで売ったときも同じです。売掛金という財産（資産）に計上し、受け取ってもいない代金を含めて利益を計算します。売上代金分の資金は売った相手の手元にあり、会社にはありません。

このように**利益の計算は、帳簿上は利益が上がっているのに、手元には現金がないという、現実の会社の資金とかけ離れた数字になりがち**です。

これではいつ支払いの資金が不足し、黒字倒産になるか、わかったものではありません。そこで、損益計算書で利益を見ると同時に、キャッシュフロー計算書で資金を見ることが必要とされるのです。

■「フリーキャッシュフロー」とは？

キャッシュフローは、会社の経営状態を見るモノサシ、経営指標としても使われます。

たとえば、会社の経営者や投資家がよく用いる経営指標のひとつが「フリーキャッシュフロー」です。

細かいことは省略しますが、会社が自由に使える資金を計算する手法で、これが多いほど会社は、設備投資なども自由にできて順調、株主は配当を受けられる原資があることになります。

フリーキャッシュフローがマイナスだと、会社は設備投資もできず、株主も配当は期待できないということです。

■キャッシュフロー計算書を作る方法は2つ

ところで、キャッシュフロー計算書が計算する現金、「キャッシュ」とは何でしょうか。会計基準によると、キャッシュとは「現金及び現金同等物」とされています。

ただし左の図のように、私たちが考えるより、意外に範囲が広いものです。

まず、会計基準で言う「現金」には、紙幣と硬貨の現金のほかに、当座預金や普通預金が含まれます。

現金とは？ 現金同等物とは？

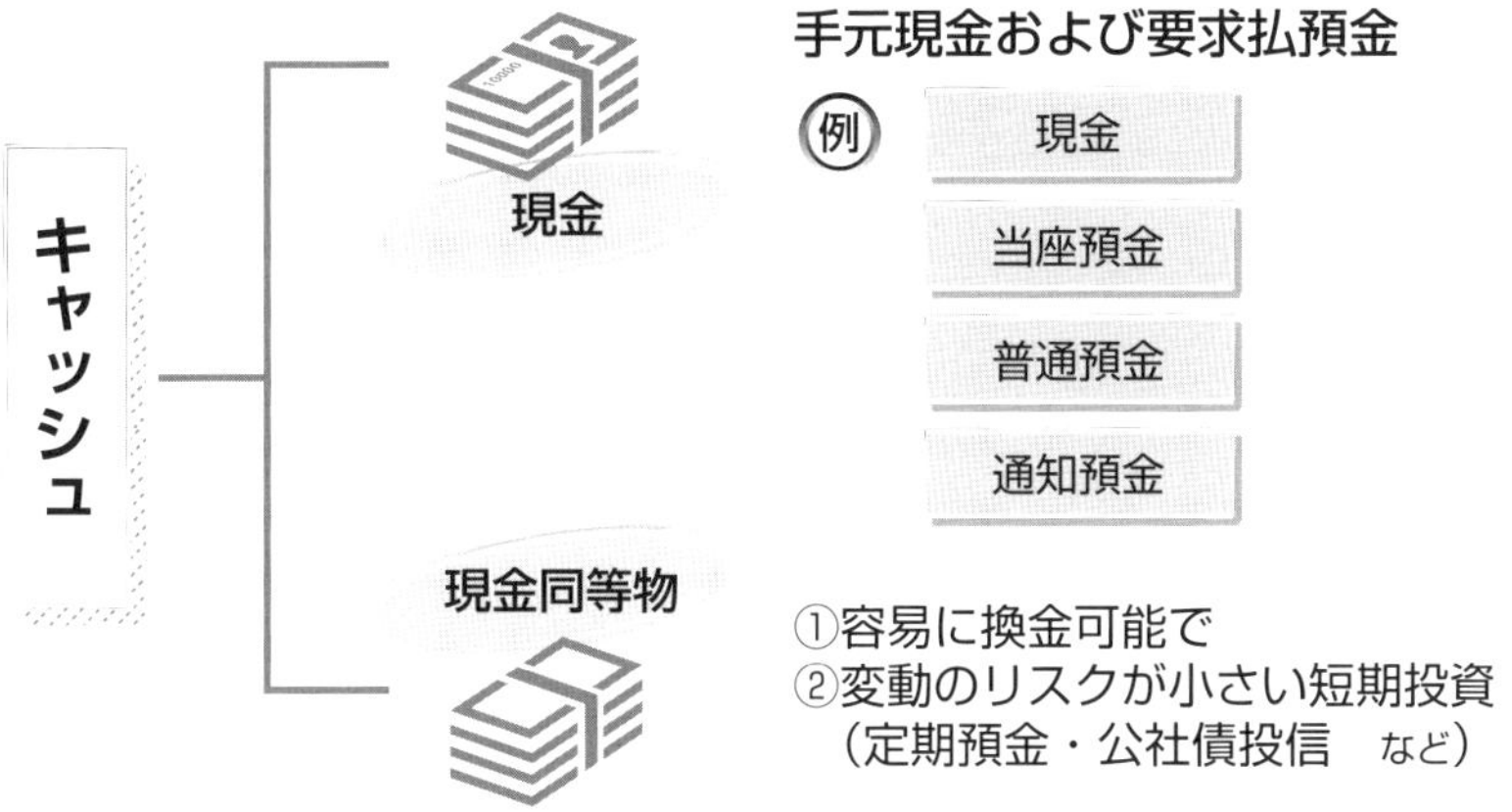

キャッシュフロー計算書に載るのは「現金」と「現金同等物」

会計基準によれば、「要求払預金《ようきゅうばらいよきん》」が含まれるということです（↓巻末）。通知預金も、要求払預金のひとつになります。

一方、3カ月を超えて預入期間が決められている定期預金などは、「現金」になりません。

また、「現金同等物」は、図のように、容易に換金できてリスクが小さい短期投資と定義されています。一般的には、期間が3カ月以内の定期預金、譲渡性預金（↓巻末）などがこれにあたるものです。

以上で見てきたようなキャッシュフロー計算書を作る方法は、2つあります。ひとつは「**直接法**」と言い、直接、キャッシュフローに関係する取引を集計して作る方法です。

もうひとつの「**間接法**」では、損益計算書の数字をもとに作成していきます。純利益の額から、キャッシュフローに関係する項目をプラスマイナスする方法です。

8 営業・投資・財務、3つのキャッシュフローとは?

キャッシュが会社のどこで生み出され、どこに流れたかわかる

■会社には営業活動・投資活動・財務活動がある

75ページのひな型を見てもわかるように、キャッシュフロー計算書は大きく3つに分かれた形です（プラス、末尾に増減額や期首・期末の残高）。

その区分は「営業活動によるキャッシュフロー」「投資活動によるキャッシュフロー」「財務活動によるキャッシュフロー」となっています。

それぞれ、営業キャッシュフロー、投資キャッシュフローなどと略すのが一般的です。

これらの区分には、どのような意味があるのでしょうか。

会社は、様々な活動をしているものです。それを資金という面から見ると、まず最初に会社本来の目的である**「営業活動」**があります。

営業活動による商品などの販売で資金を生み出し、その仕入代金などの支払いで、資金が流出するわけです。

しかし、営業活動を将来も継続していくためには、投資が欠かせません。設備投資やヒトへの投資もしないで、現状のまま営業活動を続けるのでは、ジリ貧になる一方です。

そこで2番目には、**「投資活動」**の区分が必要になります。

そして、営業活動や投資活動には、資金面からの裏づけが必要です。金融機関からの借入れや、社債

の発行、増資など、資金調達の活動が欠かせないでしょう。これを「**財務活動**」と呼びます。

具体的には、営業活動・投資活動・財務活動の3つの区分に入るのは、左の図のような収入と支出です。収益と費用ではなく、すべて収入と支出・支払いになっていることに注目してください。

ここで計算しているのは、計算上の利益ではなく、

キャッシュフロー計算書の3区分

営業キャッシュフロー

- 商品やサービスの販売による収入
- 商品やサービスの仕入れによる支出
- 人件費や利息の支払い
- 税金の支払い
- 損害賠償商品金融機関の支払い　など

投資キャッシュフロー

- 土地、建物、有価証券の取得による支出
- 土地、建物、有価証券の売却による収入
- 貸付金の回収と支出　など

財務キャッシュフロー

- 借入れによる収入
- 借入れの返済による支出
- 社債、株式の発行による収入
- 社債の償還による支出　など

**このように3区分することで
どこで資金が増減したかが明確にわかる**

現実の資金の入りと出、その増減と残高です。だから、収入と支出になっているのです。

■３つのキャッシュフロー間の流れを見る

簡単な例をあげて、３つのキャッシュフローの増減を見てみましょう。

とある会社では、この年度、商品の売上など本業による収入が１億円ありました。一方、支払代金や販売費及び一般管理費（販管費）の支出は８０００万円でした。

これで、営業キャッシュフローには２０００万円が残ることがわかります。つまり、プラス２０００万円の営業キャッシュフローです。

この年度、会社は不要になった土地を売却し、２０００万円の収入がありました。ただし、将来のために５０００万円の設備投資もしています。

つまり、投資キャッシュフローはマイナス３０００万円です。

営業キャッシュフローがプラス２０００万円、投資キャッシュフローがマイナス３０００万円では、手元に現金がなくなり、資金繰りが厳しくなります。

そこでこの会社は、１０００万円の借入れを起こしたのです。財務キャッシュフローはプラス１０００万円になります。

しかし、投資キャッシュフローのマイナス３０００万円は、将来のために行なった設備投資が原因ですから、悪いキャッシュフローのマイナスではありません。３つのキャッシュフローからは、このようなことも読み取れます。

これがもしも、営業キャッシュフローのマイナスだったら、営業活動の赤字ですから、大変なことになります。

また、財務キャッシュフローのマイナスには、負債の圧縮を進めている可能性などがあります。

借入れを起こすと、財務キャッシュフローにプラスがあらわれますが、借入金の返済などを進めると、財務キャッシュフローはマイナスになるためです。

このように、**３つのキャッシュフローは、それぞれが関連し合いながらキャッシュの動きを把握し、**表示しているわけです。

3つのキャッシュフローの関係

営業キャッシュフロー

売上代金による収入	＋１億円
仕入代金、販管費などの支出	−8,000万円

プラス**2,000**万円のキャッシュフロー

資金が流れていく

投資キャッシュフロー

土地売却による収入	＋2,000万円
設備投資による支出	−5,000万円

マイナス**3,000**万円のキャッシュフロー

資金が流れていく

財務キャッシュフロー

借入れによる収入	＋1,000万円

プラス**1,000**万円のキャッシュフロー

このように3区分を見ることで、どこで資金が作られ、どこに流れたかがわかる

9

株主資本等変動計算書から何がわかるか？

貸借対照表の純資産の中身の変動がわかる

■株主資本等変動計算書は比較的新しい決算書

前項のキャッシュフロー計算書は、実は1999年から上場企業に作成が義務づけられた決算書です。昔からある貸借対照表と損益計算書に比べると、決算書としては比較的新しい決算書と言えます。

そのキャッシュフロー計算書より新しく、2006年から作成を義務づけられているのが、この項で取り上げる「株主資本等変動計算書」です。

一見して、すぐに意味を理解するのがむずかしい名称ですが、「株主資本等」とは貸借対照表の純資産の（主な部分の）ことを言っています。

ですから**株主資本等変動計算書は、その期中に、貸借対照表の純資産にどんな変動が、どれだけあって、期末の残高はどれだけかをあらわしている決算**書です。

キャッシュフロー計算書とは異なり、こちらはすべての会社に作成義務があります（↓次項）。

■株主資本等変動計算書はなぜ必要か？

株主資本等変動計算書の作成が義務づけられたのは、決算書に関する法律の改正がいろいろとあったためです。

株主資本等変動計算書以前は、期中に純資産の中身が変動することはあまりなく、このような決算書を作成する必要はそれほどありませんでした。

しかし、法律の改正があって、たとえば「利益剰

株主資本等変動計算書は「純資産の増減」を報告する

株主資本等変動計算書

（自○年○月○日　至○年○月○日）

（単位：百万円）

	株主資本									
		資本剰余金			利益剰余金					
						その他利益剰余金				
	資本金	資本準備金	その他資本剰余金	資本剰余金合計	利益剰余金	○○積立金	繰越利益剰余金	利益剰余金合計	自己株式	株主資本合計
○年○月○日残高	×××	×××	×××	×××	×××	×××	×××	×××	△×××	×××
事業年度中の変動額										
新株の発行	×××	×××		×××						×××
剰余金の配当					×××		△×××	△×××		△×××
当期純利益							×××	×××		×××
自己株式の処分									×××	×××
○○○○○										
株主資本以外の項目の事業年度中の変動額(準額)										
事業年度中の変動額合計	×××	×××	−	×××	×××	−	×××	×××	×××	×××
○年○月○日残高	×××	×××	×××	×××	×××	×××	×××	×××	△×××	×××

	評価・換算差額等				株式引受権	新株予約権	純資産合計
	その他有価証券評価差額金	繰延ヘッジ損益	土地再評価差額金	評価・換算差額等合計			
○年○月○日残高	×××	×××	×××	×××	×××	×××	×××
事業年度中の変動額							
新株の発行							×××
剰余金の配当							△×××
当期純利益							×××
自己株式の処分							×××
○○○○○							
株主資本以外の項目の事業年度中の変動額(準額)	×××	×××	×××	×××	×××	×××	×××
事業年度中の変動額合計	×××	×××	×××	×××	×××	×××	×××
○年○月○日残高	×××	×××	×××	×××	×××	×××	×××

（日本経済団体連合会「会社法施行規則及び会社計算規則による株式会社の各種書類のひな型」より作成）

余金」の中から株主への配当が、いつでもできるようになりました。

それによって、純資産の中身が頻繁《ひんぱん》に変動するようになったわけです。利益剰余金とは、後で説明するように、会社が上げた利益の中から純資産に蓄えたお金です。

また、これも後で説明しますが、「自己株式」など、純資産に表示しなければならない項目が増えたこともあります。

そうした理由で、現在では、すべての会社に株主資本等変動計算書の作成が義務づけられているわけです。

■「株主資本」は3つに区分されている

前ページに、株主資本等変動計算書のひな型をあげました。複雑そうに見える計算書ですが、実はこの項目の並びは、貸借対照表の純資産の項目の並びとほぼ同じです（→P59）。

貸借対照表の説明では、純資産の中身についてはほとんど触れなかったので、株主資本等変動計算書の項目の並びとともに見ておきましょう。

中心となるのは「株主資本」で、その構造を図にすると左のようになります。

前ページのひな型を横にした形ですが、実際の株主資本等変動計算書も、前ページのひな型を横にした形で作成することが可能です。

株主資本は、3つに区分されています。「資本金」は、説明するまでもなく、株主から出資を受けたお金です。

ただし、会社は出資を受けたお金をすべて資本金としなくてもよいので、資本金にしなかった分は〝余り〟という意味の剰余金（＝「資本剰余金」）とします。

また、会社が上げた利益は、配当として株主に還元されますが、配当にしなかった分はやはり会社に

株主資本等変動計算書の構造はこうなっている

			期首残高	変動額	期末残高
株主資本	資本金		×××	×××	×××
	資本剰余金	資本準備金	×××	×××	×××
		その他資本剰余金	×××	×××	×××
		資本剰余金合計	×××	×××	×××
	利益剰余金	利益準備金	×××	×××	×××
		○○積立金	×××	×××	×××
		繰越利益剰余金	×××	×××	×××
		利益剰余金合計	×××	×××	×××
	自己株式		×××	×××	×××
	株主資本合計		×××	×××	×××

株主資本は、主に資本金、資本剰余金、利益剰余金の3つ

残ります。これが「利益剰余金」です。

株主資本にはそのほか、会社が自社の株式を買い取った分の「自己株式」（→P56）の表示があります。

■「評価・換算差額等」「新株予約権」とは？

株主資本以外の表示は、「評価・換算差額等」と「新株予約権」です。

評価換算差額等には、有価証券を時価で評価し直したときの差額などが表示されます（→P163）。

新株予約権は、会社が発行する新株を買える権利のことです。その権利を、投資家に与えたときの代金の分がここに計上されます。

株主資本等変動計算書では、期中にこれらの変動がどれだけあったか、それぞれの「当期首残高」「当期変動額」「当期末残高」を表示することによって、具体的な内容がわかるようにしています。

10 決算書を規定している3つの法律とは？

会社法・金融商品取引法・税法に決算書の定めがある

■「会計のトライアングル体制」とは？

会計の話ではよく、「会社法の改正が」とか、「金融商品取引法は」とか、「税法の定めでは」などと、法律の名前が出てきます。

前にも触れたように（→P49）、会計基準には強制力がありませんが、法律には強制力があるので、優先的に従わなければならないためです。

しかも、会計に関係する法律はひとつではありません。

ディスクロージャー（情報開示）制度については「会社法」と、それに「金融商品取引法」がそれぞれ定めています。

さらに、税金を申告・納税するための決算書の作成を義務づけているのが「税法」です。

日本の会計制度は、この３つの法律によって定められているので、これを「（会計の）トライアングル体制」と呼ぶことがあります。

法律の名前で言えば、会社法・金融商品取引法・税法のトライアングルです。

それぞれの法律に従った会計の名称で言えば「会社法会計」「金商法（金融商品取引法）会計」「税法会計」の３つによるトライアングルということになります。

■3つの法律は目的も呼び方も違う

３つの法律はそれぞれ、目的とするところが違っ

3つの法律は目的も、決算書の呼び方も違う

会計のトライアングル体制

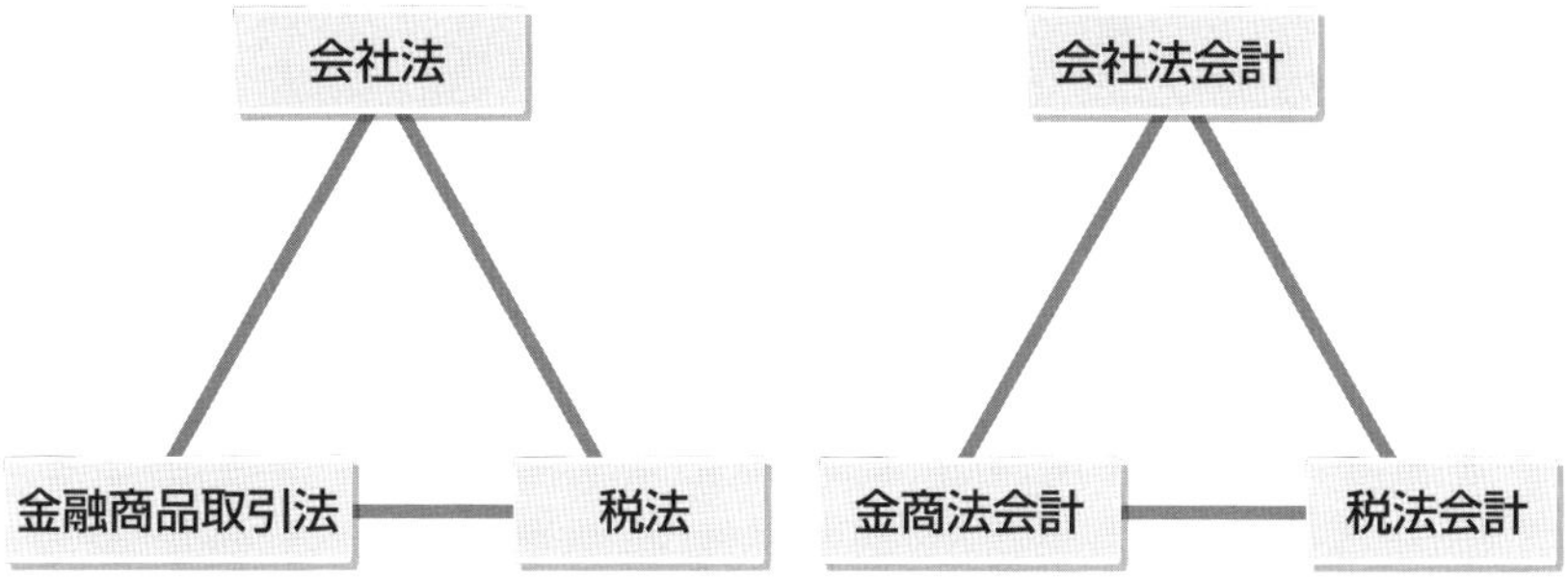

法律	会社法	金融商品取引法	税法
決算書等の呼び方	計算書類	財務諸表	確定申告書
作成する会社	すべての会社	上場会社等	会社、個人事業主
提出・開示する相手	株主、債権者など	内閣総理大臣（金融庁）	所轄の税務署
法律の目的	債権者の保護	投資家（株主）の保護	課税の公平
作成義務がある決算書	貸借対照表 損益計算書 株主資本等変動計算書	貸借対照表 損益計算書 株主資本等変動計算書 キャッシュフロー計算書	貸借対照表 損益計算書 株主資本等変動計算書
作成責任がある者	経営者		

目的の違いや、作成義務がある決算書の違いにより
会計の処理も違ってくることがある

ています。**会社法**は、債権者の保護を目的とした法律です。

一方、**金融商品取引法**は投資家や株主の保護を目的にし、**税法**は課税の公平を目的としています。

そこで、基本的な考え方は同じでも、細かいところでは微妙な違いが生じます。

また、金融商品取引法は、会計処理については会計基準に従うとしていますが、会社法は、基本的には会計基準に従いながらも、別に独自の定めを設けている場合があります。

ですから、新しい会計基準ができたときなど、会社法に定めがあると、会社がすぐに対応できないこともあるわけです。

このような3つの法律の主な違いは、前ページの表にまとめておきました。

この章で取り上げた決算書も、総称する名称が法律ごとに違います。会社法では、「計算書類」と言うのが正式名称です。

「財務諸表」は、金融商品取引法や会計基準での呼び方になります。税法では、確定申告書に決算書を添付します。

また、決算書の作成義務についても、株主資本等変動計算書までは3つの法律に共通していますが、キャッシュフロー計算書の作成義務を定めているのは、金融商品取引法だけです。

ですから、**上場会社等以外の会社にはキャッシュフロー計算書の作成義務がありません。**

ただし、金融機関からの融資などに際して、キャッシュフロー計算書の提出を求められることはあります。

■税法の定めが優先されるワケは?

さらに、税法に定めがあると、会社はどうしてもそちらを優先せざるを得ません。

会計処理として正しくても、税法で認められていないと、余分な税金を払うことになる場合があるからです。

たとえば、減価償却費は税法が定める範囲でないと、税法上の費用（損金→P40）として認められません。そうなると課税所得が増えるので、納める税金が増えてしまいます。

会社としては、会計的に正しい処理であっても、税法の定めを優先せざるを得ません。実際、ほとんどの会社が、税法に定められたとおりの減価償却費を計上しています。

このように、**実際の会計処理は会計基準だけでなく、3つの法律の定めからの影響を強く受けている**わけです。

■会社の大きさによっても影響は変わる

どの法律の影響を強く受けるかは、会社の大きさや規模、それに会社の成長過程にもよるかもしれません。

設立したばかりの小さな会社や、個人事業主では、会社法や金融商品取引法の定めは、あまり影響しません。

しかし、小さな会社や個人事業主でも、申告・納税の義務はあるので、税法の定めには従う必要があります（会社では法人税法など、個人事業主は所得税法など）。

会社が大きくなって、金融機関からの融資なども利用するようになると、決算書の提出が必要になります。そこでは、会社法の定めが重要です。

そして、いよいよ上場、あるいは上場の準備という段階になると、完全に金融商品取引法の定めに従うことになります。

このように、3つの法律が影響するといっても、会社の規模や成長過程によって影響の度合いは異なることを知っておきましょう。

Column

まだまだある決算書、財務諸表、計算書類と、その附属書類

決算書（財務諸表、計算書類）には、いずれも「～書」「～表」という名前が付いていますが、実際に作成されるのは膨大な書類のかたまりです。計算書や対照表以外にも、提出を求められる書類があるからです。たとえば、会社法の計算書類では、3表のほかに「個別注記表」「計算書類に係る附属明細書」「個別注記表に係る附属明細書」「事業報告」が求められます。

事業報告とは、計算書類が扱う財務的な情報に対して、事業の状況などの非財務情報をまとめた報告書です。

また、金融商品取引法の財務諸表は、もともと「有価証券報告書」の一部になっています。有価証券報告書で、財務諸表以外に記載されるのは「企業の概況」「事業の状況」「設備の状況」「提出会社の状況」「経理の状況」「株式事務の概要」などです。

さらに、連結財務諸表の場合には、財務諸表のひとつとして「連結包括利益計算書」の作成も求められます。これは国際会計基準（IFRS）の財務諸表のひとつですが（→P220）、上場会社は日本基準を採用している場合でも義務です。

税法では、税務申告書以外にも、「勘定科目内訳明細書」「法人事業概況説明書」の作成・提出が求められます。

第3章

複式簿記のしくみは会計の基礎

企業会計は「複式簿記」という経理のしくみで行なう。
この複式簿記のやり方を知ることは、
会計の基本を知ることにもなる。

1 複式簿記は小遣い帳とどこが違うか？

企業会計は「正規の簿記」で正確な会計帳簿を作成する

■小遣い帳や現金出納帳は「単式簿記」

簿記は「帳簿記入」の略と言われます。ただ帳簿に記入するだけなら、子どもたちがつける小遣い帳も簿記と言えそうです。

たしかに小遣い帳や、それに現金出納帳なども簿記と言えます。ただし、正確には「単式簿記」と呼ばれるものです。

なぜ「単」かというと、小遣い帳や現金出納帳は、帳簿にひとつの事柄しか記入しないからです。

たとえば、マンガの単行本を買ったとすると、単行本のタイトルだけを書いて、後はその金額と、お金の残りを記入します。

企業で言えば、1000万円の設備投資をして、現金や預金の1000万円の減少だけを、現金出納帳や預金出納帳に記録するようなものです。

これでは、現金や預金の残高はわかっても、1000万円の設備という会社の財産（資産）の状態はわかりません。

では、この企業が自社の財産の状態を知ろうと思ったら、どうしたらよいでしょうか。

会社設立時からの現金出納帳と預金出納帳を最初から見ていって、資産と負債になるものを全部、書き出せば資産と負債の状態はわかります。

しかし、そんなことをするくらいなら、**1000万円を支払ったときに、1000万円の設備が増えたことを、同時に記録しておけばよいのでは？**

というわけで、それを記録するのが「複式簿記」です。

■企業会計は「複式簿記」で行なう

なぜ「複」かと言えば、帳簿に２つ（以上）の事柄を記入し、記録するからです。設備投資で言えば、設備の現金または預金の１０００万円の減少と、設備の１０００万円の増加を記録します。

「２つ以上」ですから、もし現金と預金に分けて１０００万円を支払っていたら、現金の減少と預金の減少を分けて、計３つの記録をするわけです。

この**複式の記録によって、会社の損益と、それに財産の状態がわかります**。

ですから、企業会計原則には次のようにあるのです。「企業会計は、すべての取引につき、正規の簿記の原則に従って、正確な会計帳簿を作成しなければならない。」（一般原則の二）。

ここに書かれている「正規の簿記」が複式簿記のことです。このルールは「正規の簿記の原則」と言います（→P132）。

■複式簿記は会計を支える技術

複式簿記は、会計の理論を実際の形にする「技術」と言えます。理論は、技術がなければ形にならないので、会計にとって複式簿記は必須です。

その最大の特徴は、これまで見たような２つ以上の、複式の記録法にありますが、それだけではありません。

複式簿記のもうひとつの特徴は、会計の理論に従った、組織的な記録法がきちんとできあがっていることにあります。

複式簿記の発祥は、中世のヨーロッパです。長い歴史の中で練り上げられ、完成されたシステムになっているのです。

では、その組織的な記録法とは？（次項に続く）。

2 取引から決算書まで、複式簿記のしくみとは？

スタートの取引からゴールの決算書まで「簿記一巡の手続き」で行なう

■「簿記一巡の手続き」とは？

複式簿記のシステムの基本は、左の図のような手続きの流れです。この手続きを踏めば、複式簿記のゴールとして貸借対照表と、損益計算書ができあがります。

この手続きの流れは「簿記一巡の手続き」と言い、要するに複式簿記のフローチャートです。

複式簿記では、どのように記録するかだけでなく、記録した後どうするか、最終のゴール、貸借対照表と損益計算書までの手順が決められているわけです。

いわば、決算書の作成マニュアルと言えます。

ここで、それぞれの手続きをザッと見ておきましょう。

■財産に関係する事柄は「取引」

複式簿記のスタートは「取引」です。この取引は、私たちが日常会話で使ったり、ビジネスの会話で言う取引とは違います。複式簿記で言う取引は、もっと広い意味の用語です。

というのは、会社の財産に関係する事柄は、すべて複式簿記の対象になります。

ですから、商取引以外にも、たとえば災害で設備に被害を受けたという場合でも、「取引」として捉えるのです。

被害を受けた設備は、価値が減っている、すなわち会社の財産が減っているからです（「災害損失」と言います→巻末）。

逆に、他の会社と何か契約を取り交わしたという場合、仕事の会話では取引と言いますが、複式簿記では取引になりません。契約を交わしただけでは、まだ財産が動いていないからです。

■ひとつの取引を2つに分ける「仕訳」

複式簿記では、会社の財産に関係する事柄はすべて、取引として記録します。前項で見たとおり、2つ（以上）に分けて記録するというやり方です。

78 「簿記一巡の手続き」とは?

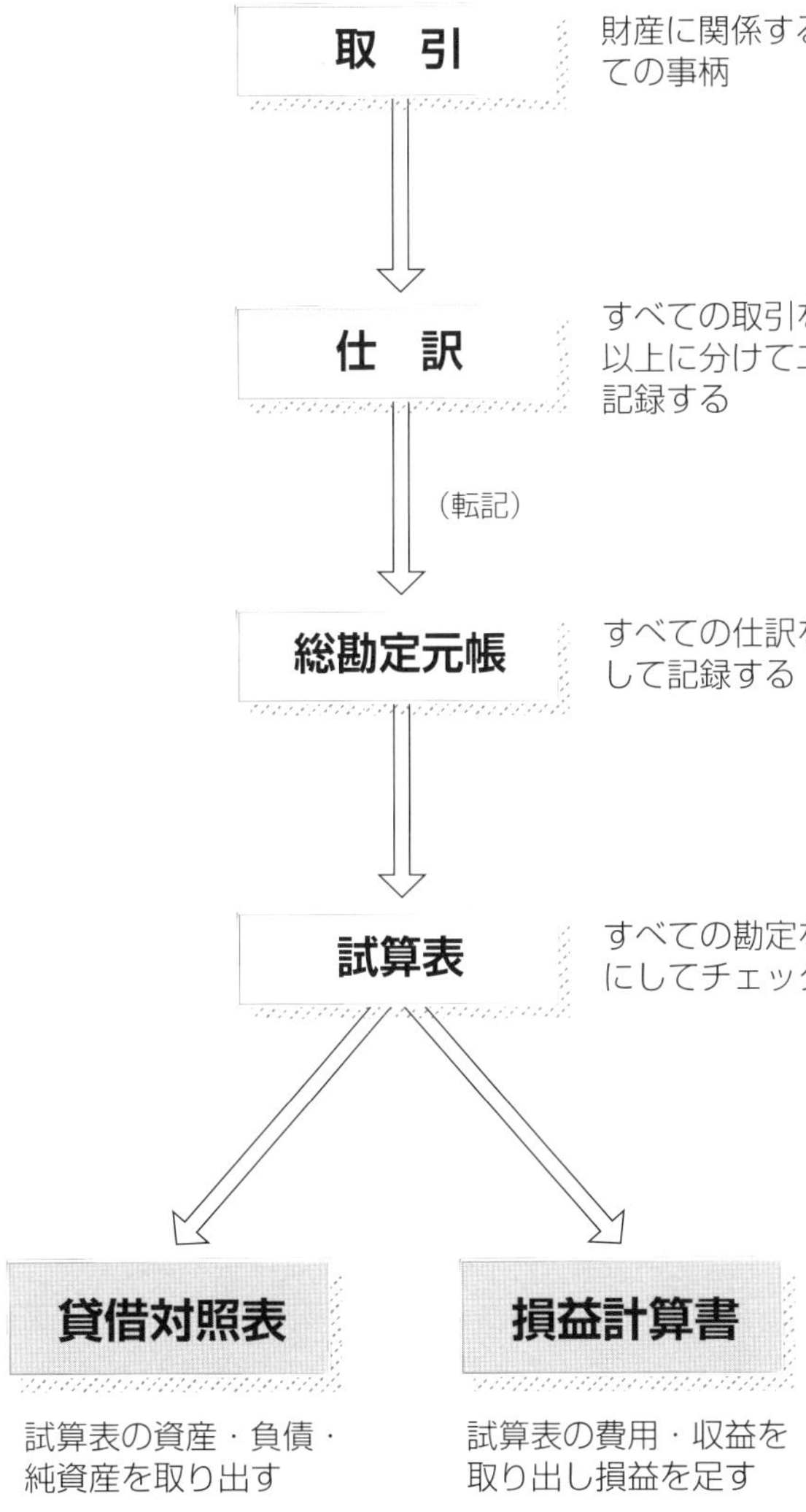

取　引
財産に関係するすべての事柄
仕　訳
すべての取引を2つ以上に分けて二重に記録する
（転記）
総勘定元帳
すべての仕訳を分類して記録する
試算表
すべての勘定を一覧にしてチェックする
貸借対照表
試算表の資産・負債・純資産を取り出す
損益計算書
試算表の費用・収益を取り出し損益を足す

この手続きを踏めば貸借対照表と損益計算書ができる。これが複式簿記のシステム

その、ひとつの取引を2つ以上に分けて記録する作業を「仕訳《しわけ》」と言います。仕訳で2つ以上に分けるから「複式」と言うわけです。

たとえば、1000万円の設備投資を2つに分けると、

①設備が1000万円増えた

②現金（預金）が1000万円減った

となります。具体的な仕訳の仕方や書き方は、次の項から見ていくことにしましょう。

■仕訳は「総勘定元帳」に転記する

仕訳をして分類する項目を、簿記では「勘定」（→巻末）と言います。「○○について勘定する項目」という意味です。昔の簿記では、この分類項目のすべてを1冊の大きな帳簿に集めて、その帳簿を「総勘定元帳」と呼んでいました。

現在では、ルーズリーフやパソコンのデータになっていることが多いでしょうが、すべてをひとつにまとめるしくみと、総勘定元帳という名前はそのまま残っています。

また、昔は仕訳も帳簿で行ない、仕訳帳という帳簿から総勘定元帳に、仕訳を手書きで引き写していました。そこで、総勘定元帳にデータを写す作業は「転記」と言います。

現在のパソコンの会計ソフトでは、仕訳を入力すれば、後は自動です。会計ソフトが、全部やってくれます。

また、仕訳のデータはすべて総勘定元帳に集められていますが、総勘定元帳では、たとえば商品別とか、得意先別とかのデータは集計されていません。

そこで、**実際の経理の業務では、総勘定元帳と別に「補助簿」と呼ばれる帳簿を作成するのが一般的**です。補助簿には、左の表にあげたようなものがあります。

たとえば得意先元帳では、総勘定元帳ではわからない、得意先別の売上高、売掛金、回収の状況、残高などがひと目でわかるわけです。

これらの補助簿に対して、もともとの簿記の手続きにある総勘定元帳などの帳簿は、「主要簿」と呼ばれます。

ここまでが、毎日のように行なう日常の業務です。

■「試算表」ができれば決算書もできる

期末になったら、総勘定元帳のデータを整理すれば決算書ができるわけですが、簿記のしくみではその前に一覧の表にまとめます。貸借対照表のような、左右対照の表です。

この表は「試算表」と言います。つまり、左右の合計の一致、左右の残高の一致を試算して、仕訳や転記などの間違いをチェックする表です。いわば、複式簿記の自動チェック機能と言えるでしょう。

この試算表ができると、貸借対照表と損益計算書はできたも同然です。

78 主な補助簿の種類と内容

商品有高《ありだか》帳	商品の品目別に、受入れ、払出し、残高がまとめてある
仕入先元帳	仕入先別に、仕入高、買掛金の増減、買掛金の残高がまとめてある
得意先元帳	得意先別に、売上高、売掛金の増減、売掛金の残高がまとめてある
現金出納帳	摘要欄に明細を書いて、毎日の現金の出入りがまとめてある
預金出納帳	金融機関別、口座別に、各種預金の出し入れがまとめてある
仕入帳	摘要欄に明細を書いて、毎日の仕入高、戻し高などがまとめてある
売上帳	摘要欄に明細を書いて、毎日の売上高、戻り高などがまとめてある
受取手形記入帳	受取手形１枚ごとに、金額、支払期日、種類などを記入しておく
支払手形記入帳	支払手形１枚ごとに，金額、支払期日、種類などを記入しておく

補助簿があると、総勘定元帳ではわからない詳細がわかる

3 「借方」「貸方」とは何のことだろう

仕訳から貸借対照表まで、左側を借方、右側を貸方と呼ぶ

■取引には必ず2つの側面がある

それでは、仕訳から順に、簿記の手続きを少し詳しく見ていきましょう。

仕訳は、ひと言で言うと、1つの取引を2つの側面に分けて記録することです。

なぜ2つの側面に分けるかというと、会社で発生する取引には必ず2つの側面があり、その両方を記録しないと会社の損益と、財産の状態の両方が正しく記録できないからです。

たとえば、売上を上げると現金や預金が増えます。この場合、増える「現金」または「預金」と、発生する「売上」の両方を記録しないと、正しく記録できません。

増える現金または預金だけを記録すると、現金という財産の状態は正しく記録できますが、売上の発生は記録されないので、損益は正しく計算できないでしょう。

売上の発生だけを記録すると、損益は正しく計算できますが、現金の増加は記録できないので、財産の状態がおかしな記録になります。

この関係は、現金による取引に限りません。もうひとつ、例をあげましょう。

左の図下のように、掛けで50万円分の商品を仕入れた取引があったとします。ひとつの側面は「仕入」という費用の発生です。これで、損益は正しく計算できます。

仕訳は1つの取引を2つの側面に分けること

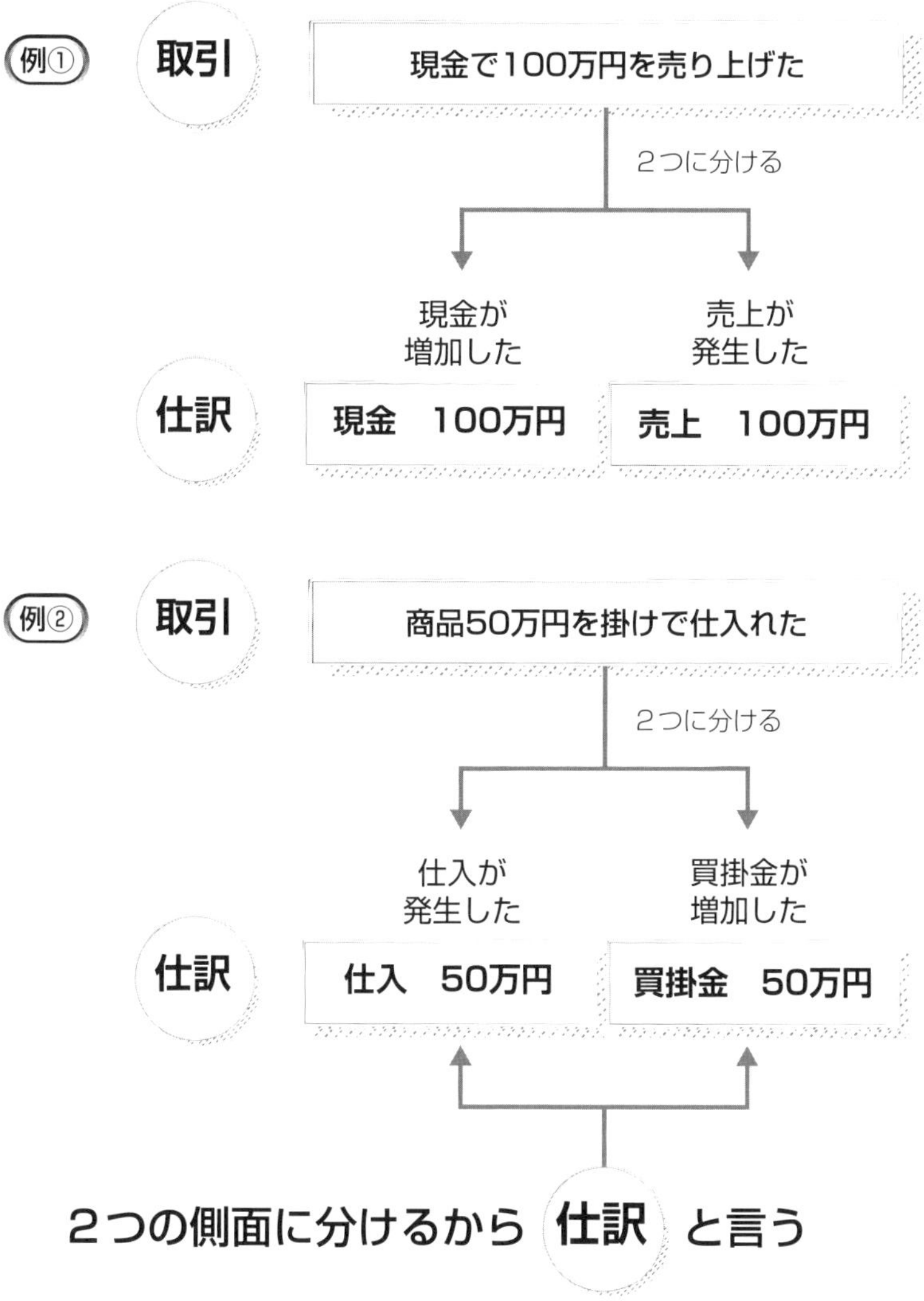
例①
取引
現金で100万円を売り上げた
2つに分ける
現金が
増加した
売上が
発生した
仕訳
現金　100万円
売上　100万円
例②
取引
商品50万円を掛けで仕入れた
2つに分ける
仕入が
発生した
買掛金が
増加した
仕訳
仕入　50万円
買掛金　50万円
2つの側面に分けるから 仕訳 と言う

2つの側面に分けて記録しないと
損益と、財産の状態との両方が正しく記録できない

もうひとつの側面は、仕入代金の支払いに関するものですが、掛けで仕入れているので現金は減っていません。

その代わり、**買掛金**という負債が増えます。

以上の取引は、現金が関係していない取引です。

もし、現金出納帳だけで記録していたら、何も残らなかったでしょう。

もし、仕入の買掛金を現金で支払ったとしたら、仕訳は左のようになります。

ひとつの側面は、買掛金が減少することです。これで、財産の状態が正しく記録できます。もうひとつの側面は、現金が減少することです。これによっても、財産の状態が正しく記録されます。

このように仕訳は、片側が損益で、片側が財産の状態と決まっているわけではありません。両方で財産の状態を記録する場合もあるし、両方で損益の計算を正しくすることもあります。

■左側を「借方」、右側を「貸方」と呼ぶ

今では、実際の仕訳は、仕訳帳という帳簿や、伝票、それらを模した会計ソフトの画面などで行なわれています。

いずれも形としては、図のように左と右に分けて、金額付きで書くのが普通です。ただし実際の仕訳では、これに加えて取引の年月日と、内容を簡潔に書いた摘要が付きます。

また、これまで述べてきたように、仕訳は右側と左側に分けられますが、簿記では左側を「借方《かりかた》」、右側を「貸方《かしかた》」と呼ぶことになっています。

これは仕訳に限らず、**試算表も貸借対照表も、左右に分けられているものはすべて、左側が借方、右側が貸方**です。

なぜ、左側を「借」方、右側を「貸」方とするのかは、あまり気にしないほうがよいでしょう。

貸借対照表では、借方に貸付金があり、貸方に借入金があったりします（→P59）。相手の立場に立

仕訳の左側を「借方」、右側を「貸方」と呼ぶ

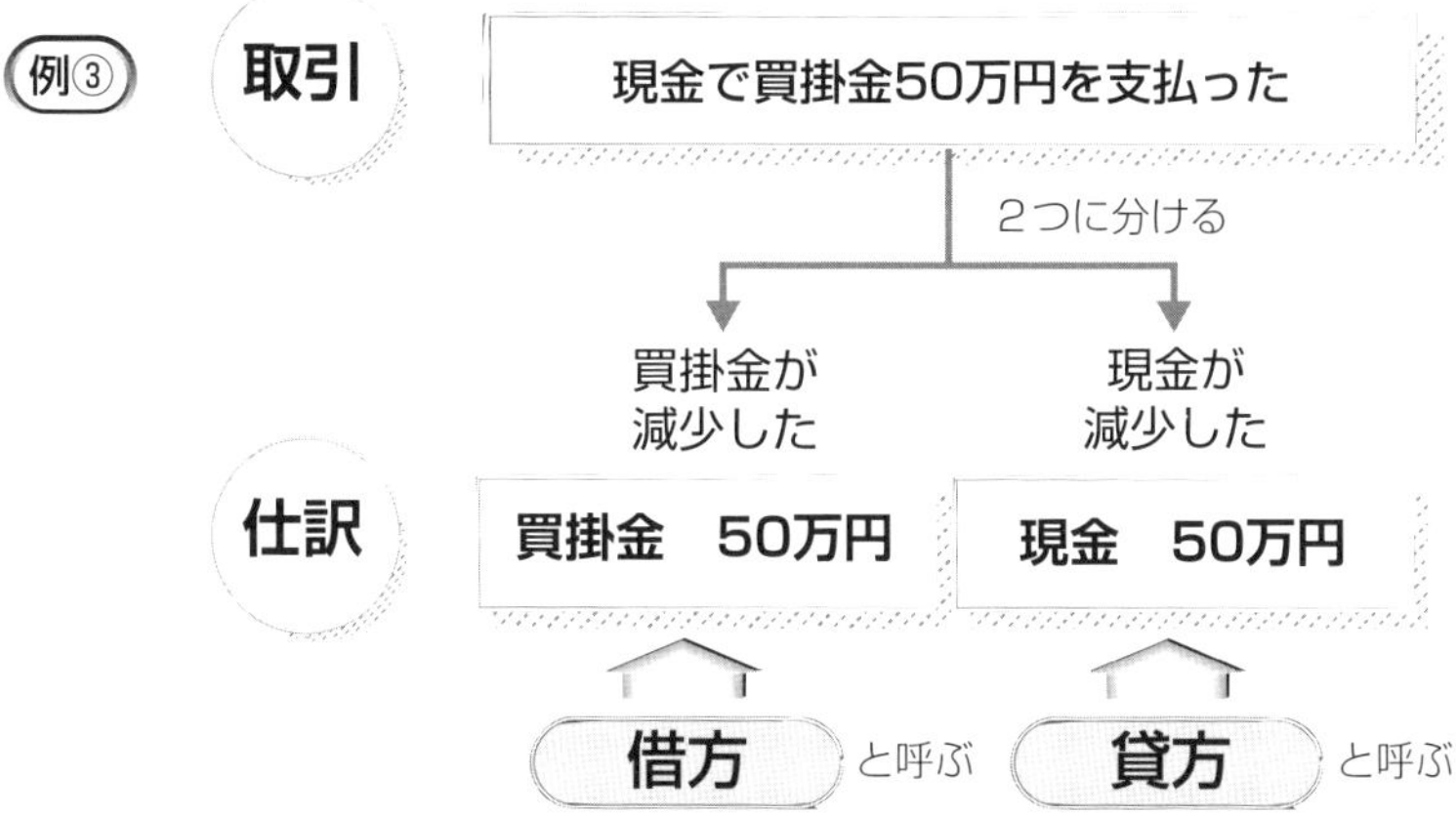

「借」「貸」は気にしない。左が借方、右が貸方と覚えればよい

つと、貸付金は借入金、借入金は貸付金だからという説などもありますが、気にし始めると混乱するばかりです。

■借方と貸方の合計金額は一致する

ただし、借方と貸方、つまり左右の合計金額は、必ず一致するということには注意しましょう。

これは仕訳に限らず、仕訳から作成される試算表や、貸借対照表でも同じです。複式簿記の大原則と言ってもいいでしょう。

もともとの仕訳が、ひとつの取引金額を2つの面から記録したものですから、一致しないのはおかしいのです。どこかに、入力や計算のミスがあったということを示しています。

試算表は、このしくみを利用して、間違いのチェックをする表です（→P108）。

貸借対照表も、お金の出どころと使い途をあらわすために、このしくみを利用しています（→P58）。

4 仕訳の借方・貸方を、どう決めたらよいか？

決算書に勘定がある側が増加または発生、ない側は減少

簿記では「取引の8要素」と呼ばれています。

■「取引の8要素」とは？　覚えるには？

仕訳を行なうには、取引の8要素を覚えなければなりません。覚えにくく、間違いやすい内容ですが、丸暗記するしかないのでしょうか。

仕訳の最終的な結果である**決算書に、この取引の8要素のルールを理解するカギがあります。**

貸借対照表は、資産＝負債＋純資産の形でした。損益計算書（勘定式）は費用＋利益＝収益の形です（→P69）。

つまり、**決算書に勘定がある側は増加または発生、ない側は減少**と覚えることができます。

■借方・貸方は増加と減少で変わる

前項の例①と③を比べてみると、どちらにも「現金」がありますが、①では借方なのに対して、③では貸方です。

また、例②と③では、やはり「買掛金」が借方（例③）と貸方（例②）に分かれています。

これは、それぞれ増加と減少の違いがあるためです。利益の増加は借方、買掛金の増加は貸方などと決まっています。

もっと詳しく言えば、利益は収益なので、増加は借方、買掛金は負債なので、増加は貸方ということです。

このルールをまとめたのが、左の図いちばん上で、

決算書からわかる仕訳の借方・貸方

取引の8要素

借方	貸方
資産の増加 負債の減少 資本の減少 費用の発生	資産の減少 負債の増加 純資産の増加 収益の発生

資産の増加は借方なので
貸借対照表でも資産は貸方

負債・純資産の増加は
貸方なので貸借対照表でも
負債・純資産は貸方

貸借対照表

借方	貸方
資産	負債
	純資産

費用の発生は借方なので
損益計算書でも費用は借方

収益の発生は貸方なので
損益計算書でも収益は貸方

損益計算書

借方	貸方
費用	収益
（利益）	

上記を逆に考えれば、決算書に勘定がある側が増加または発生、ない側が減少とわかる

5 「勘定科目」には、どんなものがあるか？

あらかじめ定めた勘定科目を、仕訳から決算書まで使う

■会社ごとに「勘定科目一覧」を定める

仕訳で記録した金額は、「勘定」に次々に蓄積されていきます。

しかし、前項で説明に使ったような「資産」「負債」「純資産」「費用」「収益」といった大きな分類の勘定では、扱いにくいでしょう。

仕訳の説明で使った「現金」「売上」「仕入」といった小分類を用いたいものです。

そこで、「資産」「収益」といった大きな分類の勘定の下に、「現金」「売上」といった、より具体的な分類を設けます。

これを「勘定科目」と言います。

勘定科目の分類は、とくにルールとして定められているものはなく、一定の範囲内で、会社が自由に決めることができます。

たとえば、59ページの貸借対照表では、資産の冒頭が「現金及び預金」となっていますが、これを「現金」と「預金」に分けるなど、一定の自由度があるものです。

業種・業態などによって、管理上、重要な勘定科目、重要でない勘定科目が違ってくるので、**会社の管理上の都合によって、勘定科目を決めることができます。**

ただし、勘定科目を仕訳のつど、担当者が決めていたのでは、統一のとれた仕訳ができません。

78 大分類の勘定の下に小分類の勘定科目を設ける

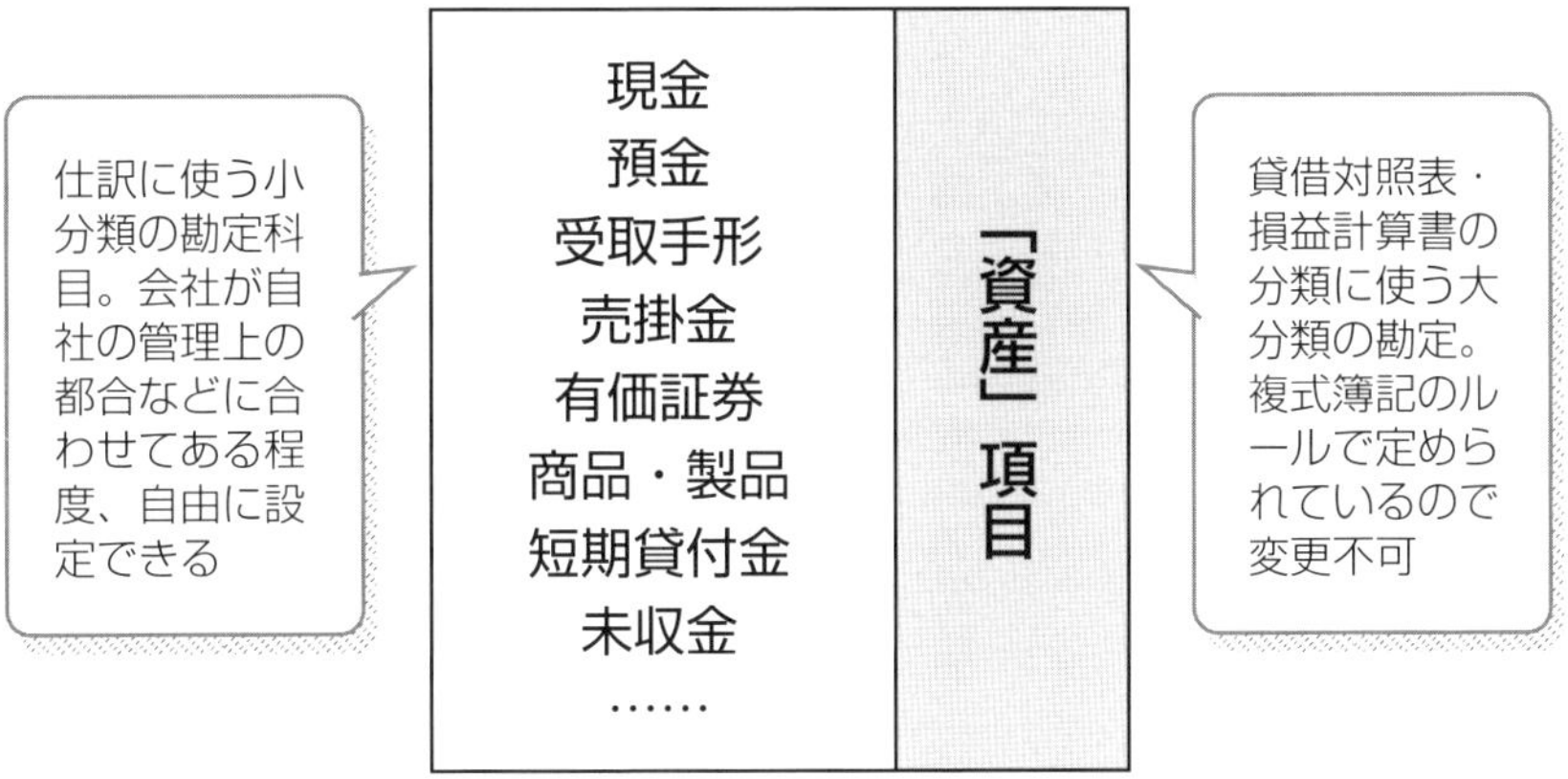
仕訳に使う小分類の勘定科目。会社が自社の管理上の都合などに合わせてある程度、自由に設定できる
現金
預金
受取手形
売掛金
有価証券
商品・製品
短期貸付金
未収金
……
「資産」項目
貸借対照表・損益計算書の分類に使う大分類の勘定。複式簿記のルールで定められているので変更不可

勘定科目はある程度、会社が自由に設定できる

そこで会社ごとにあらかじめ、「勘定科目一覧」を定めておき、仕訳に際してはその中から選んで使うようにします。

■具体的な勘定科目の分類は?

一般的に、よく利用される勘定科目の例を107ページの図にあげました。

勘定科目の右側に添えてある「資産」「負債」などが、決算書になったときにどの勘定に分類されるかを示した、大分類の勘定です。

たとえば、費用の勘定科目を見ると、「給与」「旅費交通費」「事務用消耗品費」など、一般常識でも理解できる勘定科目が並んでいます。

これをさらに細かく、たとえば事務用消耗品費をボールペン、コピー用紙などと分類しては細かすぎるので、一括して事務用消耗品費とまとめているわけです。

ただし、10万円未満の備品などは原則として、消耗品費として分類されるので、雑多なものが一括して入ります。

そこで、別に「消耗品費」の勘定科目を設け、金額の小さい事務用品を事務用消耗品費としている会社もあります。

その程度の、自由な勘定科目の設定はできるということです。

また、決算書の損益計算書では、経費は「販売費及び一般管理費」として大きく一括されますが、**勘定科目の段階では、予算管理や経費管理などを行なう都合上、ある程度、細かい分類としたほうがよ**いということも覚えておきましょう。

■勘定科目をすべて集めた「総勘定元帳」

勘定科目は、簿記一巡の手続きの流れの中で、仕訳からゴールの貸借対照表・損益計算書まで、同じものを使うのが原則です。

ですから、左の図のように、「資産」「負債」などの勘定ごとに並べると、貸借対照表・損益計算書とよく似た形になります。

このような勘定科目をすべて集めて、仕訳の記録を転記したものが「総勘定元帳」（→P96）というわけです。その名のとおり、すべての勘定科目を集めたおおもとの帳簿になります。

ですから、期末の総勘定元帳のデータは、基本的には、そのまま貸借対照表・損益計算書の金額になります。

ただし、その前に仕訳や転記のミスがないか、チェックを入れなければなりません。それが、次項で紹介する「試算表」です。

試算表は、簿記一巡の手続きの中で、総勘定元帳と貸借対照表・損益計算書の間に位置する段階です（次項に続く）。

よく使われる主な勘定科目の例

<table>
<tr>
<td rowspan="2">現金
預金
受取手形
売掛金
有価証券
商品・製品
短期貸付金
建物
機械装置
車両運搬具
什器備品
土地
特許権
長期貸付金
など</td>
<td rowspan="2">「資産」項目</td>
<td>支払手形
買掛金
短期借入金
未払金
未払費用
前受金
預り金
社債
長期借入金
など</td>
<td>「負債」項目</td>
</tr>
<tr>
<td>資本金
資本剰余金
利益剰余金
など</td>
<td>「純資産」項目</td>
</tr>
<tr>
<td>仕入高
給与
旅費交通費
事務用消耗品費
福利厚生費
租税公課
通信費
広告宣伝費
水道光熱費
接待交際費
雑費
支払利息
手形売却損
など</td>
<td>「費用」項目</td>
<td>売上高
受取利息
受取配当金
雑収入
など</td>
<td>「収益」項目</td>
</tr>
</table>

勘定科目は会社がある程度、自由に設定できるが
多くの会社ではこのような勘定科目が一般的に使われる

6 決算ではなぜ「試算表」を作るのだろう

借方・貸方の合計の一致で間違いがないことを確認する

■「合計残高試算表」とはどういうしくみか?

簿記一巡の手続きの中で、総勘定元帳と決算書の間に入るのが「試算表」です。

総勘定元帳までは、経理の業務としては日常業務ですが、試算表から後は「決算」（↓P52）での仕事になります。

試算表は、正式名称としては「合計残高試算表」と言います。左の図のように、資産科目から順に、負債科目・純資産科目・収益科目・費用科目を並べたものです。

そして、各勘定科目ごとに「借方合計」と「貸方合計」、「借方残高」と「貸方残高」をまとめます。

各勘定科目には、取引の8要素（↓P102）に従って、増加・発生の仕訳も、減少の仕訳も入ってきますから、借方と貸方ができます。

各勘定科目の借方の金額を合計したものが「借方合計」で、貸方の金額を合計したのが「貸方合計」です。

その借方合計と、貸方合計の差額を勘定科目ごとに計算すると、借方か貸方のどちらかに残高が出ます。その差額が「借方残高」または「貸方残高」になるというわけです。

それらを図のように並べると、勘定科目の合計と残高の一覧表ができます。これが合計残高試算表のしくみです。

試算表は合計と残高の一致を試算する

合計残高試算表

借方		勘定科目	貸方	
残高	合計		合計	残高
		現金		
		預金		
		受取手形		
		売掛金		
「資産」科目		有価証券		
		商品		
		建物		
		機械装置		
		土地		
		支払手形		
		買掛金	「負債」科目	
		借入金		
		預り金		
		資本金	「純資産」科目	
		売上高		
		受取利息	「収益」科目	
		売上原価		
		給与		
「費用」科目		旅費交通費		
		通信費		
		広告宣伝費		
		支払利息		
		（総合計）		

借方合計と貸方合計：一致する

借方残高と貸方残高：一致する

もし一致しなければ、仕訳や転記のどこかに間違いがあったことがわかる

■借方合計と貸方合計の一致を試算する

試算表は、単なる一覧表ではなくて、「試算」をするための表です。何を試算するかというと、表のいちばん下で行なう、借方合計と貸方合計のさらなる総合計を試算します。

つまり、借方合計と貸方合計の総合計の一致、借方残高と貸方残高の総合計の一致をチェックするわけです。

簿記のスタート地点、取引を仕訳するときには、一つひとつの借方と貸方の金額は必ず一致していました（→P98）。

ということは、総勘定元帳を経て、試算表に至った段階でも、借方と貸方それぞれの総合計は一致するはずです。

もし、1円でも一致しなかったら、それは仕訳の入力や、総勘定元帳への転記などのどこかに、間違いがあったことになります。

その間違いを、貸借対照表・損益計算書を作る前にチェックするのが試算表の役割です。

チェックは借方合計と貸方合計の総合計だけではありません。**借方残高と貸方残高の総合計でも一致を確認します**。

借方残高と貸方残高は、借方と貸方の金額の差額ですから、その合計も一致しなければなりません。このチェックによって、残高の計算にも間違いがなかったことを確認できます。

ひとつの取引を借方と貸方に分け、その合計をチェックする方法は、コンピューターなどなかった時代に開発された、複式簿記の自動チェック・システムなのです。

■「残高試算表」を作る

借方合計と貸方合計の総合計の一致、借方残高と貸方残高の総合計の一致によって、間違いがないことが確認されたら、残高だけを取り出して「残高試算表」を作ります。

残高試算表とは、図にすると左のように各勘定科目の残高を並べたものです。これは、107ページの主な勘定科目の表と同じ並び方になっています。そして、勘定科目の表は、貸借対照表・損益計算書（勘定式）と同じ考え方で並べたものです。

つまり、残高試算表は貸借対照表・損益計算書の一歩手前、直前の形なのです。試算表ができあがったら、決算書はできたも同然、というのはこのことです。

残高試算表を上下に切り分けたら、勘定式の貸借対照表・損益計算書と同じ形になることがわかるでしょう。費用と収益の高さに、段差がある点が気になるかもしれませんが、それは次項で説明することにします。

残高試算表

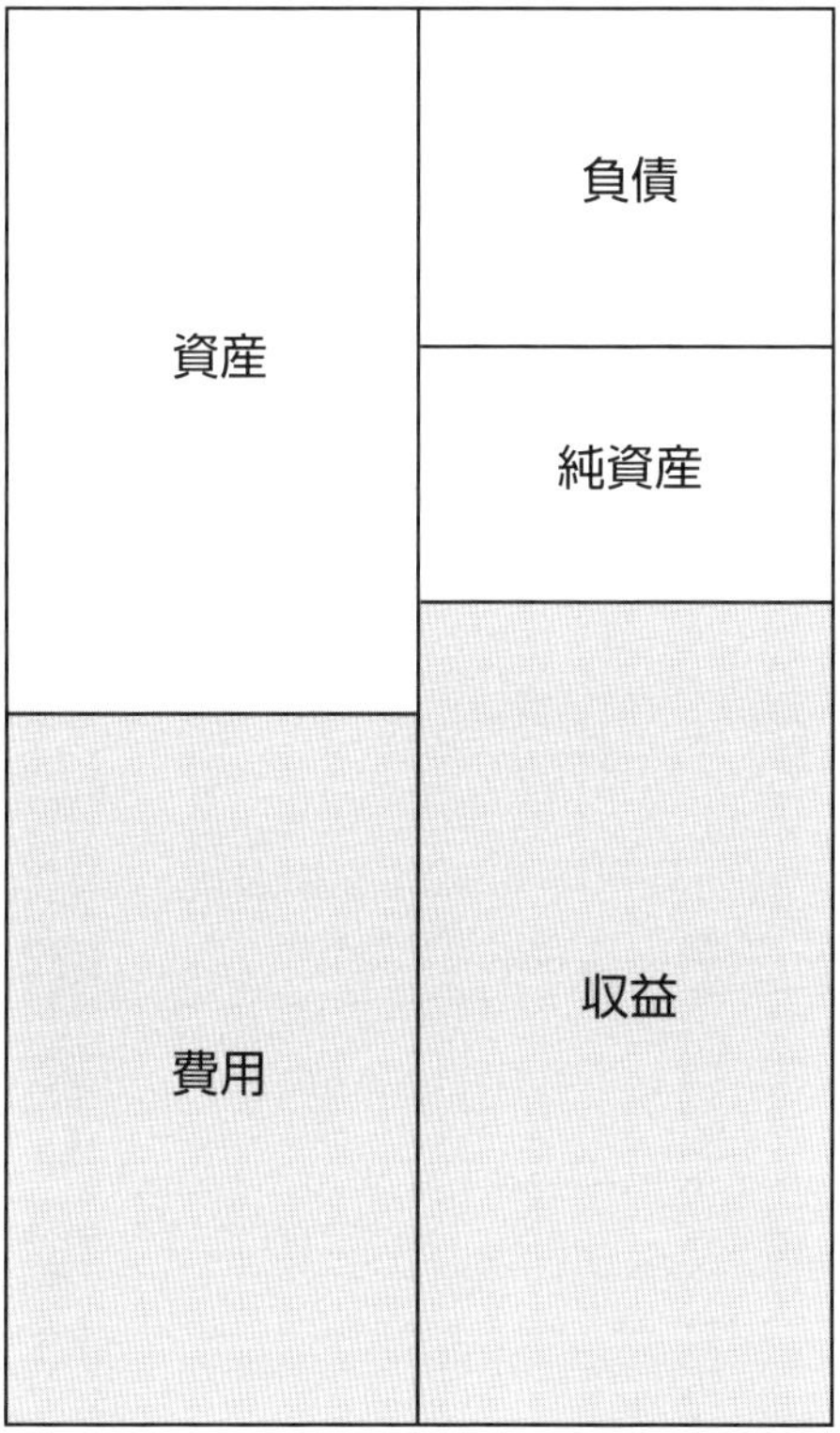

残高試算表は貸借対照表、損益計算書の直前の形

7 複式簿記のゴールは貸借対照表と損益計算書

試算表を切り分ければ決算書ができる

■費用と収益の差が「利益」になる

残高試算表では、資産の残高が借方に、負債・純資産の残高は貸方に残ります。費用の残高は借方、収益の残高は貸方です。

そのため、資産・負債・純資産、費用・収益は、前ページ図の形になるわけです（左図に再掲）。

そこで、費用と収益の段差ですが、これは「利益」です。損益計算書（勘定式）では、費用＋利益＝収益の形になるのでした。ですから、収益から費用を引いたものは利益になります。

一方、貸借対照表の資産と純資産の下の段差も利益です。貸借対照表と損益計算書は、利益でつながっているのでした（↓P56）。

貸借対照表の利益は、純資産の中に利益剰余金の形で入ります。

■残高試算表は決算書の代わりになる

このように残高試算表ができると、決算書もほとんどできたことになります。ただし、実際の決算では、この後、決算特有の仕訳を加えるために「精算表」（↓巻末）という表を作成します。

とはいえ、経営判断のための内部資料として使うなら、このままでも充分です。

そのため、管理会計の一環として月次決算を行なっている会社では、残高試算表までを作成して、決算書の代わりとすることがあります。

残高試算表はほとんどそのまま決算書になる

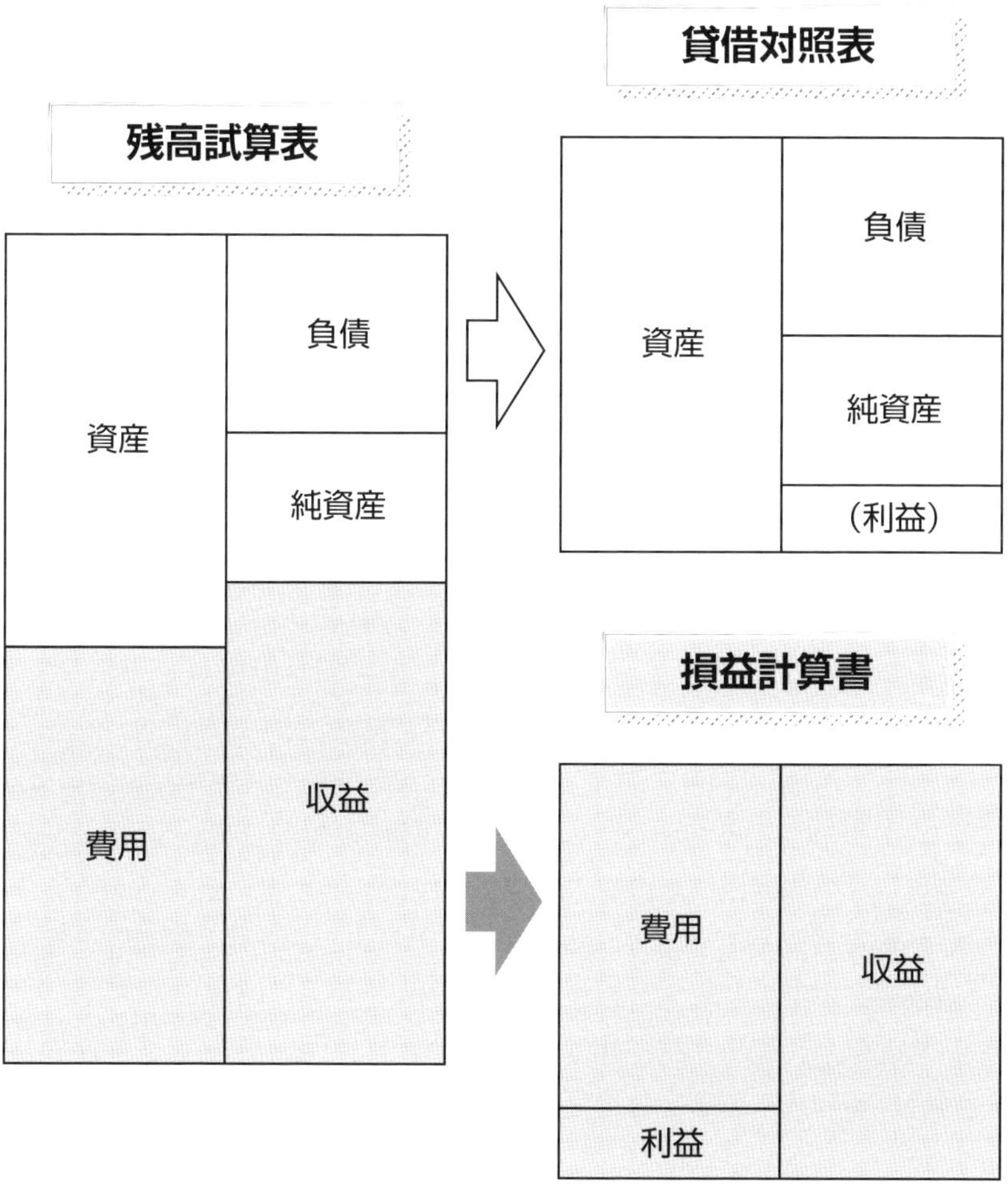

月次決算を行なっている会社では、
残高試算表まで作成して決算書の代わりとすることがある

Column

法人税の「青色申告」でも、複式簿記が必須の要件

「青色申告」とは、正しい記帳に基づく適正な申告・納税を目的として、青色申告者・法人に様々な特典を認める制度です。この制度は、申告納税制度である所得税と法人税に設けられています。

どちらも、正規の簿記——複式簿記による記帳、決算書の作成が必須の要件です。

要件を満たして青色申告が承認されると、法人税の場合、次のような特典が受けられます。

まず、受けられるのが欠損金の繰越・繰戻（→巻末）の特典です。たとえば当期が赤字だった場合、赤字額を以後10年間にわたって黒字から控除し、法人税等を安くすることができます。

次に受けられる特典が、減価償却に関するものです。50ページで見た「少額減価償却資産の特例」も、青色申告者・法人であることが要件になっています。青色申告でないと、20万円未満の一括減価償却資産の制度までしか利用できません。

そのほか、中小企業が機械や設備を取得した場合などに、税額の控除が受けられる場合などがあります。

こうした特典のおかげで、法人についての青色申告の普及率は90%を超えているそうです。

第4章

会計の考え方で取引を見てみよう

会社における財産の動きが「取引」。
処理方法には原則もあれば例外もある。
「会計」のルール（企業会計原則）に基づいて、
取引の基本と実際を見てみよう。

1 どの会社にも「年度」があるのはなぜだろう

「期間損益計算」をするために年度を会計期間として計算する

■会計には会計独特のルールや考え方がある

会計のルール、考え方の中には、私たちのプライベートでは見かけないものがたくさんあります。たとえば、会計のゴール、決算書を作る「決算」などは、普通の人のプライベートでは必要のないものです。

学生なら学期、会社員なら会社の事業年度はあるでしょうが、だからといって、個人が自分の収入や支出、財産や借金を計算する必要はありません。

決算は、個人の家計には必要がない、会計独特のものなのです。

この章ではそのような、個人の生活にはない会計独特のルールや、考え方を見ていきます。まずは、決算と深い関わりがある「会計期間」について考えてみましょう。

■会計期間の損益を計算する「期間損益計算」

第2章でも少し触れましたが（→P52）、会社には会計年度、すなわち会計期間があります。

会計期間は、もともと区切りのない会社の活動を、経営成績と財政状態を報告するために、ムリヤリに区切ったものです。

ですから、**会社の事業活動は会計期間をまたいで、会計期間に関係なく続いているにもかかわらず、期間を区切ることにより、その会計期間の損益は計算することができるようになります。**

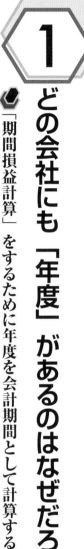

企業会計原則で「期間損益計算」を見てみる

「損益計算書は、企業の経営成績を明らかにするため、一会計期間に属するすべての収益とこれに対応するすべての費用とを記載して（後略）」

（損益計算書原則の一）

収益と費用の対応のこと

「期間損益計算」のこと

期間損益計算で損益が報告できるようになるが、発生する問題も

この計算を「期間損益計算」と言います。期間損益計算とは、その会計期間のすべての収益と、収益に対応する費用を確定し、収益から費用を差し引いて損益を計算することです。

企業会計原則には、次のようにあります。

「損益計算書は、企業の経営成績を明らかにするため、一会計期間に属するすべての収益とこれに対応するすべての費用とを記載して（後略）」（損益計算書原則の一）。

期間損益計算により、会社の経営成績は報告できるようになりますが、期間をムリヤリ区切るために様々な問題が発生します。

第1章で紹介した「発生主義」の問題もそのひとつです（→P46）。ほかにも、費用と収益の対応の問題などが発生します。

というのは、企業会計原則にもあるとおり、費用は、収益に対応する費用だけを記載する決まりだからです。その方法とは……（次項に続く）。

2 建物や機械はなぜ「減価償却」をするのか？

「費用収益対応の原則」などに基づいて毎年度の費用にする

■減価償却とはどういうものか？

「減価償却」も、私たちのプライベートな生活には、なかなか縁のない会計処理です。

減価償却とは、建物や機械などの固定資産を、耐用年数という期間にわたって、「減価償却費」という費用にしていく会計処理のことを言います。

不動産賃貸業を営んでいる方を除けば、まずプライベートでは関わりがないし、関わる必要もありません。

では、会社ではなぜ減価償却という処理をするのでしょうか。

建物や機械、設備などの固定資産は、高額なものです。これらの購入代金を、購入した年度にすべて費用に計上したら、会社はその年度、赤字になるかもしれません。

赤字にならないまでも、会社の本来の経営成績がきちんと報告できないことは確かです。

そこで、**正しい報告をするために、建物や機械などの固定資産は、何年かにわたって費用にしていく**わけです。

何年で費用にするかを「耐用年数」と言います。耐用年数は、税法で資産ごとに細かく定められています。

■減価償却は「費用の繰延べ」である

建物や機械は、使うに従って古くなり、価値が減っていきますから、価値が減った分を費用にするのは一応、納得できます。

一方、会計の考え方からすると、建物などの購入にかかった費用は、その建物を使用する長い期間にわたって発生する費用です。

ですから、「発生主義の原則」（→P124）に従い、その使用する期間にわたって費用にすると考えるこ

「資産の繰延べ」をしている減価償却

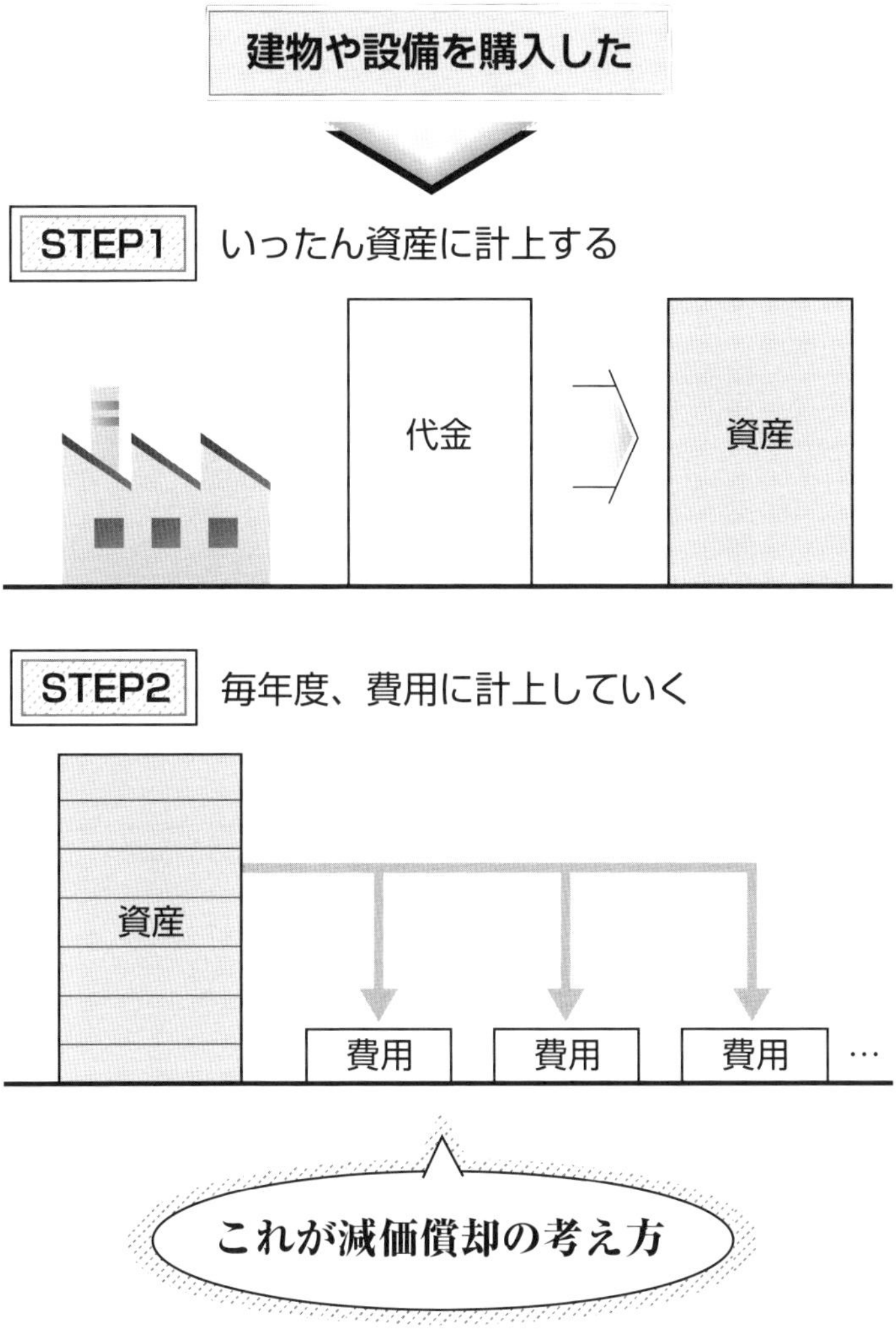
建物や設備を購入した
STEP1
いったん資産に計上する
代金
資産
STEP2
毎年度、費用に計上していく
資産
費用
費用
費用
…
これが減価償却の考え方

費用をいったん資産にしてから分けることが「費用配分の原則」

とができます。

しかし、何年にもわたって費用にするには、その費用をいったん別のところに計上しておく必要があります。そこで、建物などは前ページのように、まず「資産」（固定資産）として計上し、何年かにわたって費用にするわけです。

これが「減価償却」の方法です。

建物や機械設備など、非常に高額なものに限らず、何年かにわたって使用するものは「減価償却資産」、すなわち減価償却の対象になります。

ただし、税法の定めでは「使用可能期間が1年未満のもの」「取得価額が10万円未満のもの」は減価償却資産とせず、一度に、取得した年度の費用にしてよいことになっています。

ですから、たとえば10万円未満のパソコンなどは「消耗品費」として費用に計上できます。同じパソコンでも、10万円以上のものは減価償却資産です（一般的なパソコンは耐用年数4年）。

減価償却のように、費用などの計上を先送りすることを「繰延べ」と言います。

資産と聞くと、いかにも〝財産〟という感じですが、実は「費用の繰延べ」のために計上されている資産もあるわけです（繰延資産→巻末）。

■「費用配分の原則」に従って減価償却をする

言い換えると、建物などの固定資産は、いくら資金に余裕があっても、一度に費用に計上してはいけないということです。

必ずいったん資産に計上し、適切な期間の費用に配分しなければなりません。これも会計のルールのひとつで、「費用配分の原則」と言います。

具体的な費用配分の対象としては、固定資産の減価償却のほか、原材料や商品などの棚卸資産（→巻末）があります。棚卸資産も、「費用の繰延べ」の

「費用収益対応の原則」とは

「費用及び収益は、その発生源泉に従って明瞭に分類し、各収益項目とそれに関連する費用項目とを損益計算書に対応表示しなければならない。」

（損益計算書原則一のC）

各年度の収益と費用は対応しなければならない

減価償却はこの費用収益対応の原則に基づいた会計処理

ために計上されている資産です。

原材料や販売のために仕入れた商品の代金は、一見、全額が費用になりそうに見えます。しかし、損益計算書で見たように、売上原価にできるのは売り上げた商品や製品の分だけです（↓P71）。

そこで、売れ残った在庫の分は、費用の繰延べをするために、棚卸資産の「原材料」「商品」などの勘定科目で資産として計上するわけです。

■「費用収益対応の原則」に基づいて行なわれる

減価償却の処理はもうひとつ、別の会計のルールに基づいて行なわれています。

建物や機械設備、その他の固定資産などを購入するのは、以後その固定資産が使用できる何年かにわたって、売上を上げるためです。

だとすれば、その代金は、各年度の売上を上げるための費用として、各年度に計上しなければなりません。

固定資産の代金という費用を、その年度の売上という収益に対応させるので、これを「費用収益対応の原則」と言います。

費用収益対応の原則は、費用配分の原則が費用の面から見ているのに対し、損益の面から見る考え方です。

要するに、売上などの収益と、その収益を上げるためにかかった費用は毎年度、きちんと対応していなければなりません。

もっとも、収益のほうは後で説明する別のルールによって、計上の時期が決まってしまいます（実現主義の原則→P128）。

ですから、**費用収益対応と言っても、実際には費用のほうを収益に対応させる**ことになります。

減価償却はそのために、ムリヤリ費用を分けて（繰延べして）、収益に対応させている処理とも言えます。

原材料や商品の棚卸資産への計上も、費用配分の原則に基づくとともに、費用収益対応の原則に基づいたものです。

■「定額法」「定率法」などの計算方法がある

費用を収益に対応させると言っても、実際には建物代金などの費用のうちどれだけが、その年度の売上（収益）に対応するかは明確でありません。

そこで、実際の減価償却費の計算は、「定額法」や「定率法」など、一定の方法で行なうことになっています。

定額法は毎年度、一定額を減価償却費とする方法、定率法は毎年度、残高の一定割合を減価償却費とする方法です。一定の建物は定額法で計算するなどの定めはありますが、それ以外は定額法、定率法、任意に採用できます。

実際の計算は、税法に「減価償却資産の償却率表」という表が定められていて、定額法でも定率法でも、資産の種類ごとに定められた率を掛ける方法をとります。

減価償却費の主な計算方法は2つある

定額法　毎年度、一定の額が計上される。減価償却費は毎年同額になる

定率法　毎年度、一定の比率を掛ける。減価償却費は年とともに少なくなる

最終的に両方とも同じ額になる

しかし実際の資産価値は帳簿価額と同じではない

減価償却費の計算方法はほかにもありますが、この2つが代表的な方法です。

建物などの帳簿価額は、取得した当初は会計のルールによって、取得したときの価格と決められています（取得原価主義→P139）。

ここから毎年度、減価償却費を差し引いた金額がその年度の簿価になるしくみです。

このことからもわかるように、減価償却費として計上される金額は、建物などの価値の減り方と直接の関係がありません。税法の定めに従った、一応の目安のようなものです。

ましてや、売却するときの価格となると、そのときの経済状勢や、建物などの状態に左右される〝時価〟になりますから、建物などの簿価と一致することはむしろまれです。

固定資産台帳などに載る簿価は、そのようなものであることを知っておきましょう。

3

支払っていないお金を費用に計上するのはなぜか？

お金の支払い・受取りに関係なく「発生主義の原則」で計上する

■「発生主義」とはどういうものか？

前項でも触れた「発生主義の原則」は、これまでたびたび説明してきましたが、ここできちんと整理しておきましょう。

これまでも説明しましたが、発生主義とは収益と費用を、代金を受け取ったり払ったりした時点でなく、「発生」した時点で計上するという原則です。

この発生主義は、私たちのプライベートでは見かけないルールの最たるものと言えます。

私たちの個人的な会計――家計簿などに記録する「家計」では、何かを買ったときなど、代金を支払った時点で家計簿に計上するのが普通です。

たとえば、通販で買った商品が今月の月末に配達され、その代金の振込みが来月の初めになったとしても、今月の日付で家計簿に記入する人はいないでしょう。

また、たとえば今月アルバイトをして、そのアルバイト代の振込みが来月だったとしても、今月の日付で家計簿に記入する人はいないはずです。

つまり、お金の支払い・受取りが計上の基準になっているわけで、このような計上の方法を会計では「現金主義」（→巻末）と呼びます。

これに対して企業会計では、お金の動きよりも、簿記で言う「取引」（→P94）の発生を重視します。

たとえば、**仕入れの注文を出して配送された商品が届き、検査して受け取ったら（検収）、代金を払っ**

どの時点で費用が発生しているか?

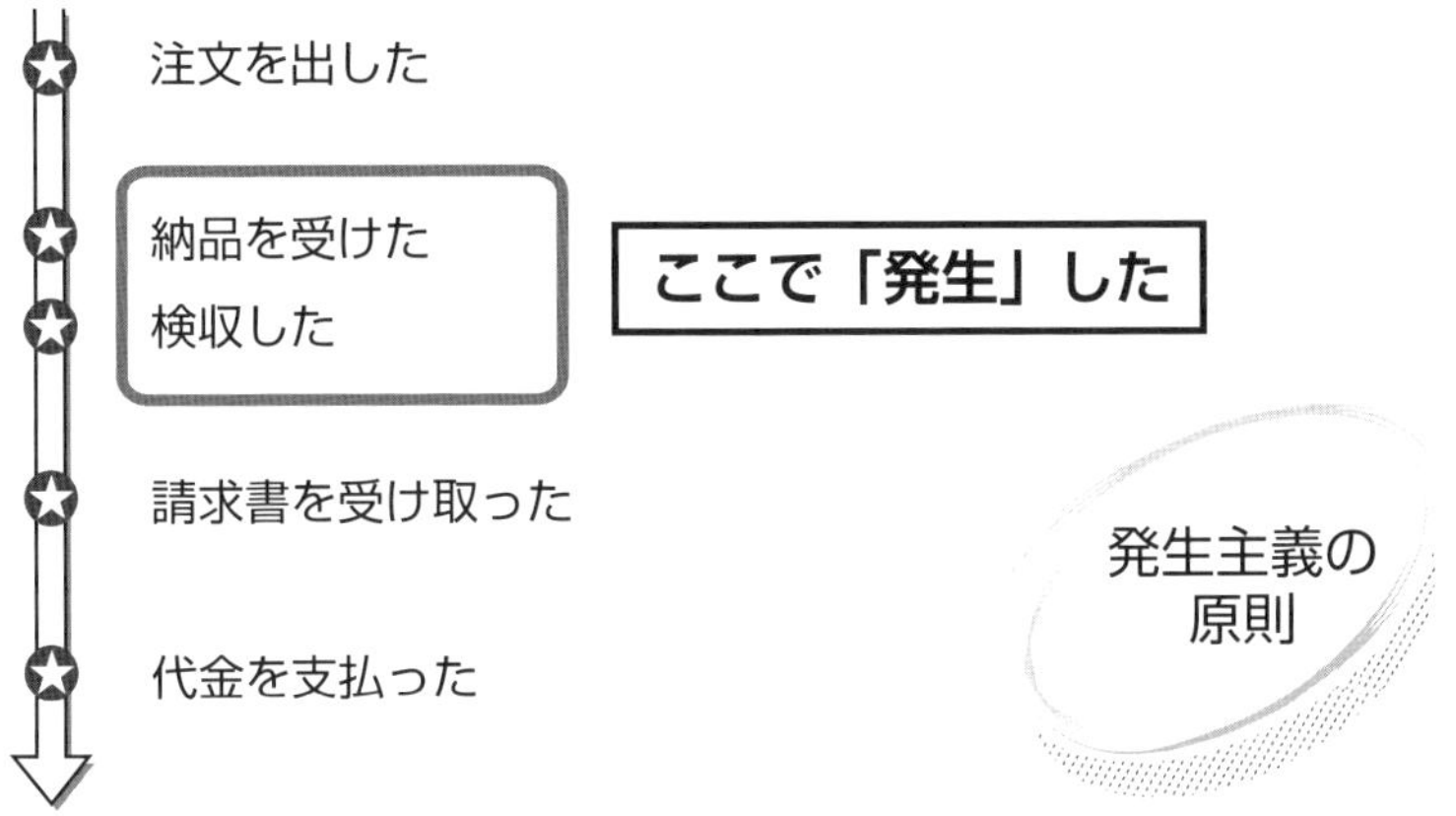
注文を出した
納品を受けた
検収した
ここで「発生」した
請求書を受け取った
代金を支払った
発生主義の原則

費用や収益は代金の支払いに関係なく計上する

ていようがいまいが、取引が発生したものとして、検収した日付で計上するわけです。

このような計上の方法が「発生主義」です。

■費用は「検収基準」などで計上する

いつ、取引が発生したとするかは、主に2つの基準があります。

商取引の流れを考えてみると、たとえば仕入れでは、発注する→納品を受ける→検収する→請求書を受け取る→代金を支払うという段階があるものです。このうち、納品されて受け取ったときに発生したとするのが「受取基準」です。

その次、検収して初めて発生したとするのは「検収基準」と言います。一般的には、検収基準を採用している会社が多いようです。

ちなみに、どちらの時点で計上するかは、会社が選択することができますが、いったん選択したら継続して、同じ時点で計上するようにします。これは

78 「発生主義の原則」とは？

「すべての費用及び収益は、その支出及び収入に基づいて計上し、その発生した期間に正しく割当てられるように処理しなければならない。（後略）」

（損益計算書原則一のＡ）

これは金額のこと

その金額を発生した期間に割り当てる

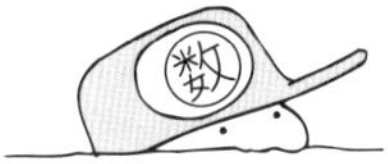

発生主義なら減価償却もできて、正しい報告になる

「継続性の原則」という会計のルールです。

企業会計原則には、次のようにあります。

「企業会計は、その処理の原則及び手続を毎期継続して適用し、みだりにこれを変更してはならない。」

（一般原則の五）

■なぜ発生主義が原則なのか？

それにしても、なぜ発生主義のようなややこしい考え方をするのでしょうか。考え方としては、個人が行なっているような、現金の支払い・受取りを基準にするほうがよほど自然です。

企業会計が、発生主義を原則としているのは、現金主義では経営成績と財政状態の正しい報告ができないからです。

たとえば、前項の減価償却で考えてみましょう。現金主義では、現金の支払い時点ですべての費用を計上します。

ですから、工場の建物を購入して、その初年度に

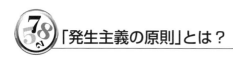

「現金主義」とは？

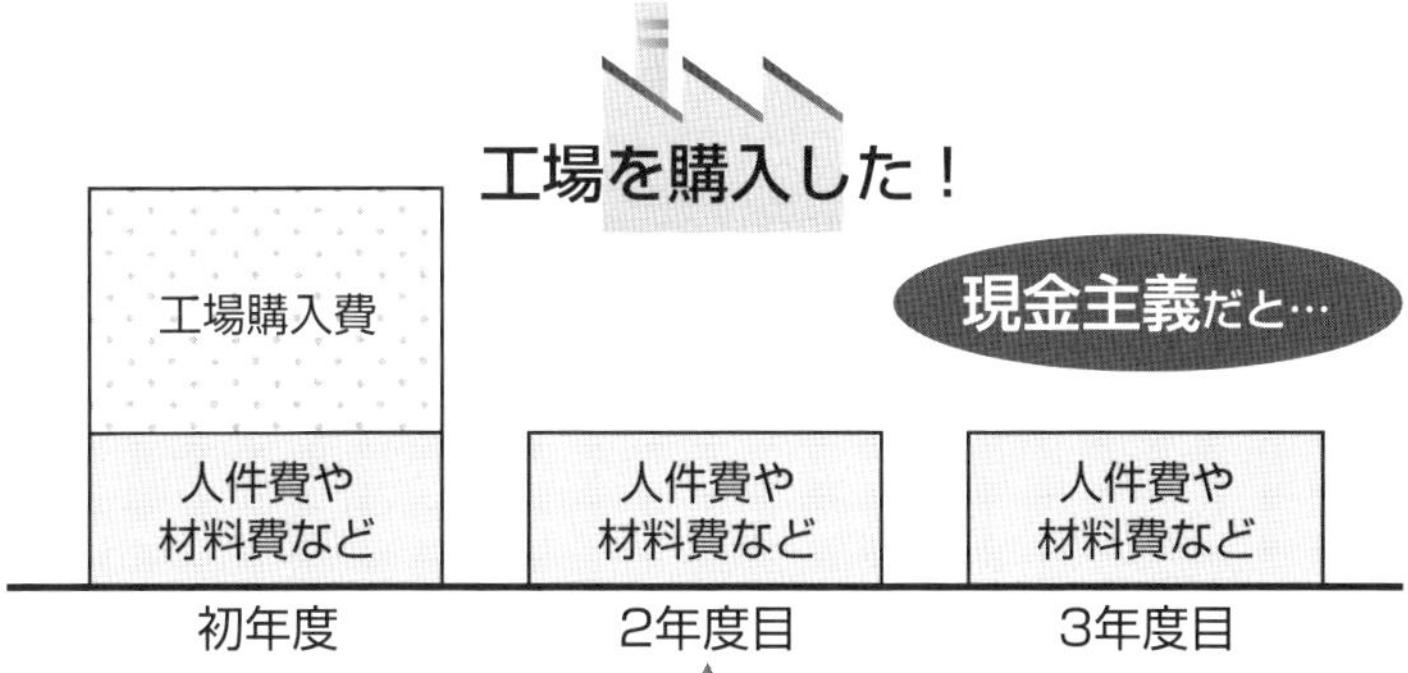

初年度は大きな出費になるが、次年度以降は通常の人件費などのみの出費

発生主義でないと正しい報告ができない

全額を現金で支払ったとすると、工場の購入費用は全額が初年度の費用です。

上の図のように、通常の材料費や人件費に加えて、工場の購入費用が初年度の費用になり、会社は大赤字でしょう。

その代わり、2年目以降は費用が通常の材料費や人件費だけになるので、黒字転化も簡単です。

同じ事業活動をしていても、大赤字と黒字に分かれるのでは、正しい報告とは言えません。その点、**発生主義なら、減価償却の処理を行なって費用を配分し、より正しい報告をすることができます。**

ちなみに、国や地方自治体の「公会計」（→P208）は、企業会計と違って現金主義です。そのため、減価償却もしないので、公共の建物などを作ったときも上の図のようなコストの計算をしています。

バランスシートを作る自治体などが増えている背景には、そうした事情もあるわけです。

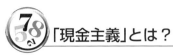

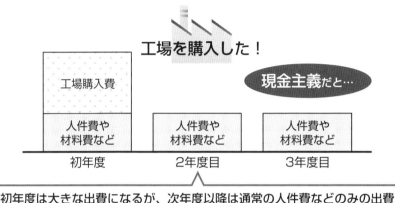

4 売上は商売のどの時点で「実現」しているか？

「実現主義の原則」により出荷・納品・検収の時点で計上する

■売上の計上は「実現」した時点で行なう

費用は、前項で見たとおり、お金の支払いに関係なく、取引が「発生」した時点で計上します。これは収益、つまり売上などの計上にも適用される原則です。

もう一度、126ページの原則を見直してみましょう。冒頭に「すべての費用及び収益は」とあります。売上などの収益も、発生主義による計上が基本であるわけです。

ところが、売上の計上については、発生主義の原則だけでは困るケースがあります。

たとえば製造業の会社の場合、原材料の仕入れ→製造→製品→受注→販売→代金回収というサイクルを繰り返しているものです。

この製品の製造・販売のサイクルの中の、どこで収益が「発生」したかと考えると、販売するために作った製品ができて、受注した時点で発生したことになるのです。

しかし、製造・受注の時点では、まだキャンセルがあるかもしれないし、きちんと納品して代金が回収できるかも不確実です。

この段階で売上を計上するのは、さすがに無理があるでしょう。

また、**会計の原則の根底には全体として、「保守主義の原則」というものが流れています。**後で説明

「実現主義の原則」とは？

> 「売上高は、実現主義の原則に従い、商品等の販売又は役務の給付によって実現したものに限る。（後略）」
>
> （損益計算書原則三のB「売上高の計上基準」）

商品の販売やサービスの提供の意味

はっきり「実現主義の原則」と書いてある

収益は、発生主義より厳しい実現主義に従って計上する

しますが、会計処理にあたっては、より安全で慎重なほうを選ぶという原則です（↓P144）。

この保守主義の原則に照らしても、売上を製造・受注の段階で計上する、すなわち発生主義だけで計上するのは適切とは言えません。

そこで、売上（収益）については、発生主義よりもう一段、厳しい原則が設けられています。

売上は、「実現」した分に限って計上するというもので、「実現主義の原則」と言います。

■「出荷」「納品」「検収」で計上する

実現主義の原則の根拠は、上にあげた損益計算書原則にある「売上高の計上基準」です。

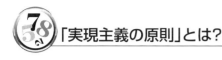

基準には、売上高の計上について「実現主義の原則に従い」とはっきり書かれています。

また、商品の販売やサービスの提供によって実現という意味の文言があるので、受注よりも後、販売の段階に、売上が実現することが示唆されていると考えられるでしょう。

これを製造業の会社の製造・販売のサイクルに当てはめると、具体的には「出荷した」「納品した」「検収を受けた」という時点が、売上が実現した時点となります。


実際、一般的にはこれらの時点で売上が計上されています。製造業以外の会社でも、出荷・納品・検収のいずれかの時点で、売上を計上するのが一般的です。

■会計の処理は継続的、保守的に！

以上をまとめると、一般的に、費用の計上は納品か検収の時点、収益の計上は出荷・納品・検収のいずれかの時点となります。

ちなみに、不動産賃貸業などでは「引渡基準」によって収益が実現したとするのも一般的です。この基準では、部屋の鍵などを引き渡した時点で販売が実現したものとします。

費用も収益も、どの時点を選ぶかは会社の自由です。ただし、いったん選択したらその後も継続して、同じ時点で計上することが必要です。

つまり、継続性の原則に従う必要があります（↓P126）。

また、**費用を発生主義で、収益を実現主義で計上すると、「費用の計上は早く、収益の計上は遅く」**することになります。

こうすると、予定外の費用が発生するリスク、予定どおり収益が実現しないリスクを、軽減することができるでしょう。

より安全で、より慎重なほうを選択することにもつながり、これは保守主義の原則にもかないます。

■売上の計上に関する新基準とは？

ところで、収益の計上に関して、上場会社や大会社には２０２１年４月から始まる会計年度より、新しい会計基準が適用されています。名称を「収益認

どの時点で収益が実現しているか?

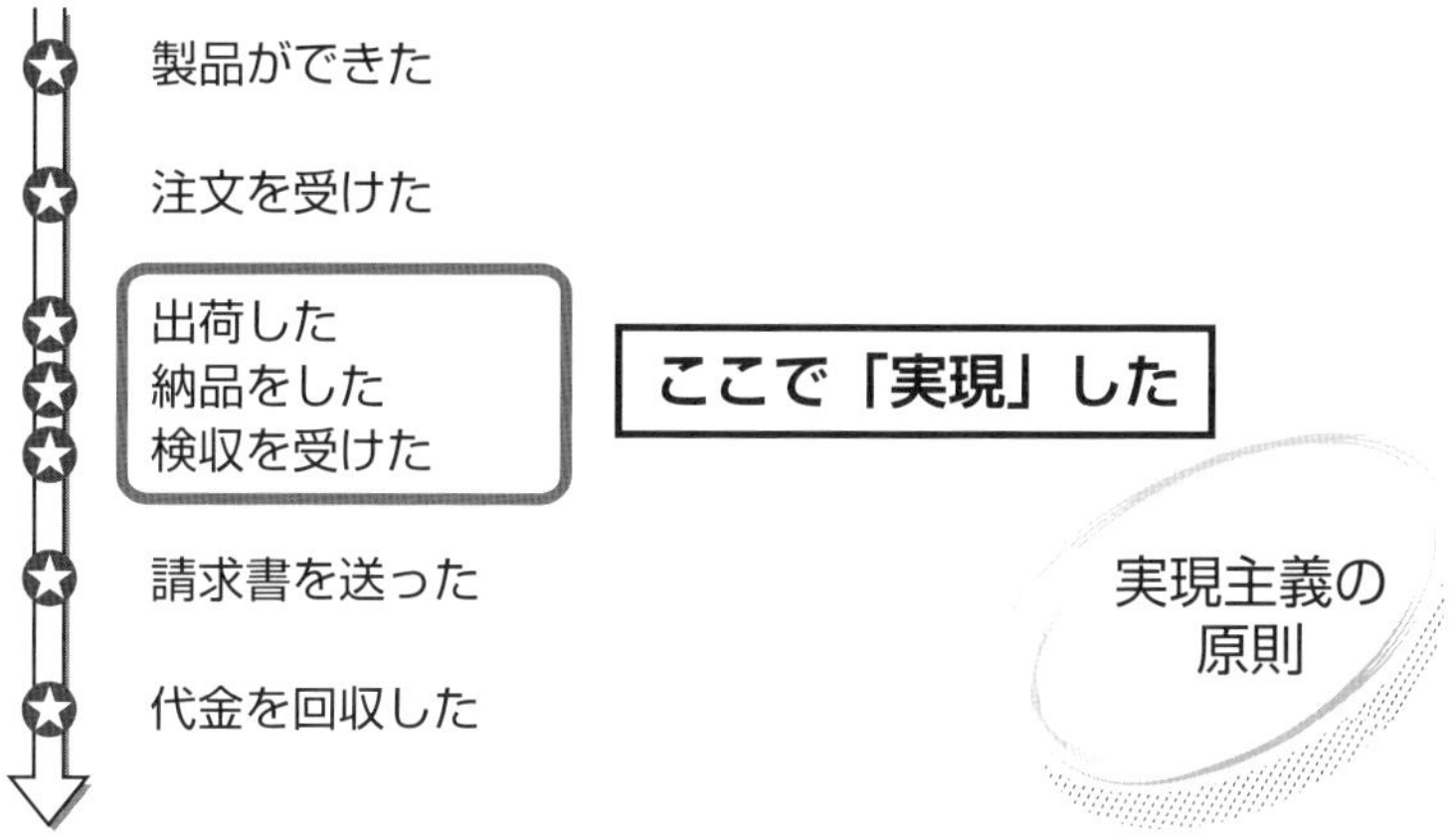
製品ができた
注文を受けた
出荷した
納品をした
検収を受けた
ここで「実現」した
実現主義の原則
請求書を送った
代金を回収した

収益は「実現主義の原則」に従って計上する

識に関する会計基準」と言い、一般には「新収益認識基準」と呼ばれるものです。

この新会計基準の特徴は、**「履行義務」**という考え方にあります。納品や検収ではなく、履行義務が果たされた時点で、売上を計上するいう考え方です。

ですから、商品と、その商品の保守・点検サービスがセットになっていた場合などは、履行義務が果たされる時点の違いにより、売上の計上時期を分けることが必要です。

また、近年当たり前になっているポイント・サービスの会計処理などについても定めています。

現金に換算できるポイントの付与は、実質的には代金の値引きです。従来は不明確だったそのような会計処理についても、新基準は明確にしています。

この新会計基準には、売上を計上する具体的な手順などもあるので、詳しくは第5章で取り上げます(→P170)。

5 どの会社も帳簿のつけ方が同じなのはなぜか？

「正規の簿記の原則」に従い、貸借対照表と損益計算書を作成する

■正規の簿記、正確な帳簿とは？

費用の発生にしろ、収益の発生（実現）にしろ、それらは複式簿記の手続きにより記録されます。そのことを定めているのが「正規の簿記の原則」です。正規の簿記とは、複式簿記のことを指しています。

正規の簿記の原則は、左のような内容です。複式簿記によって「正確な会計帳簿」を作成するとあります。

正確な会計帳簿には、３つの要件が必要とされています。

①「網羅性」、取引がすべて漏れなく記録されていること。②「立証性」、すべての記録が立証可能な証憑《しょうひょう》（証拠のこと）に基づいていること。③「秩序性」、すべての記録が一貫したルールに基づいて秩序立てて行なわれていること、の３つです。

■「真実な報告」は複式簿記による

なぜ、複式簿記が企業の会計に必要なのでしょうか。それは、「真実性の原則」に従うためです。

真実性の原則は、第１章で紹介したものですが（→P46）、「真実な報告」の提供を求めています。**この原則は企業会計原則の中核とも言えます**（→P145）。

そして、何について報告するかと言えば、企業の「財政状態」と「経営成績」、すなわち貸借対照表と損益計算書です。

つまり、真実な報告ができる貸借対照表と損益計算書を作成しなさいと言っているわけですが、それ

78 「正規の簿記の原則」とは?

「企業会計は、すべての取引につき、正規の簿記の原則に従って、正確な会計帳簿を作成しなければならない。」

（一般原則の二）

「正規の簿記」は複式簿記のこと

「正確な会計帳簿」には3つの要件がある

正規の簿記の原則があるため、企業は複式簿記を採用している

ができるのは複式簿記にほかなりません。

真実性の原則に従って、正しい貸借対照表と損益計算書を作成するために、複式簿記は必要なのです。

ちなみに、財務諸表（企業会計原則での決算書の呼び方）については、「明瞭性の原則」「単一性の原則」も定められています。

明瞭性の原則は、財務諸表では間違えようがないくらい明瞭に、事実を表示しなさいという原則です。「利害関係者に対し必要な会計事実を明瞭に表示し、企業の状況に関する判断を誤らせないように」とあります。

単一性の原則は、相手によって違う内容の財務諸表を作成してはいけないという原則です。「株主総会提出のため（株主向け）、信用目的のため（金融機関向け）、課税目的のため（税務当局向け）」に「事実の真実な表示をゆがめてはならない」とあります。

6 増資はなぜ売上にならないのか？

株式の発行は資本取引、売上の計上は損益取引

■「資本取引」「損益取引」とは何か？

前項で紹介した「正規の簿記の原則」「真実性の原則」「明瞭性の原則」「単一性の原則」、それに126ページで紹介した「継続性の原則」は、いずれも企業会計原則の「一般原則」として記載された、最も基本となる原則です。

一般原則は、全部で7つあります。残り2つのうちのひとつが、これから紹介する**「資本取引・損益取引区分の原則」**です。

資本取引・損益取引区分の原則とは、文字どおり、資本取引と損益取引を混同してはならず、区別しなければならないとする原則のことを言います。

「資本取引」とは資本、すなわち貸借対照表の資産の反対側、負債と純資産を直接、増減させる取引のことです。たとえば、株式の発行・増資・減資、社債の発行・償還などがあります。

株主に対する配当も、資本取引のひとつです。

一方、「損益取引」は、資本を元手に費用や収益を発生させる取引のすべてを言います。

たとえば、商品の販売、原材料の仕入れ、経費や人件費の支払い、利息の受取り、利息の支払い、固定資産の売却……とても書き切れません。

これらのうち、収益を発生させるものが〝益〟にあたる取引、費用を発生させるものが〝損〟にあたる取引になります。

資本取引・損益取引とは何のことか?

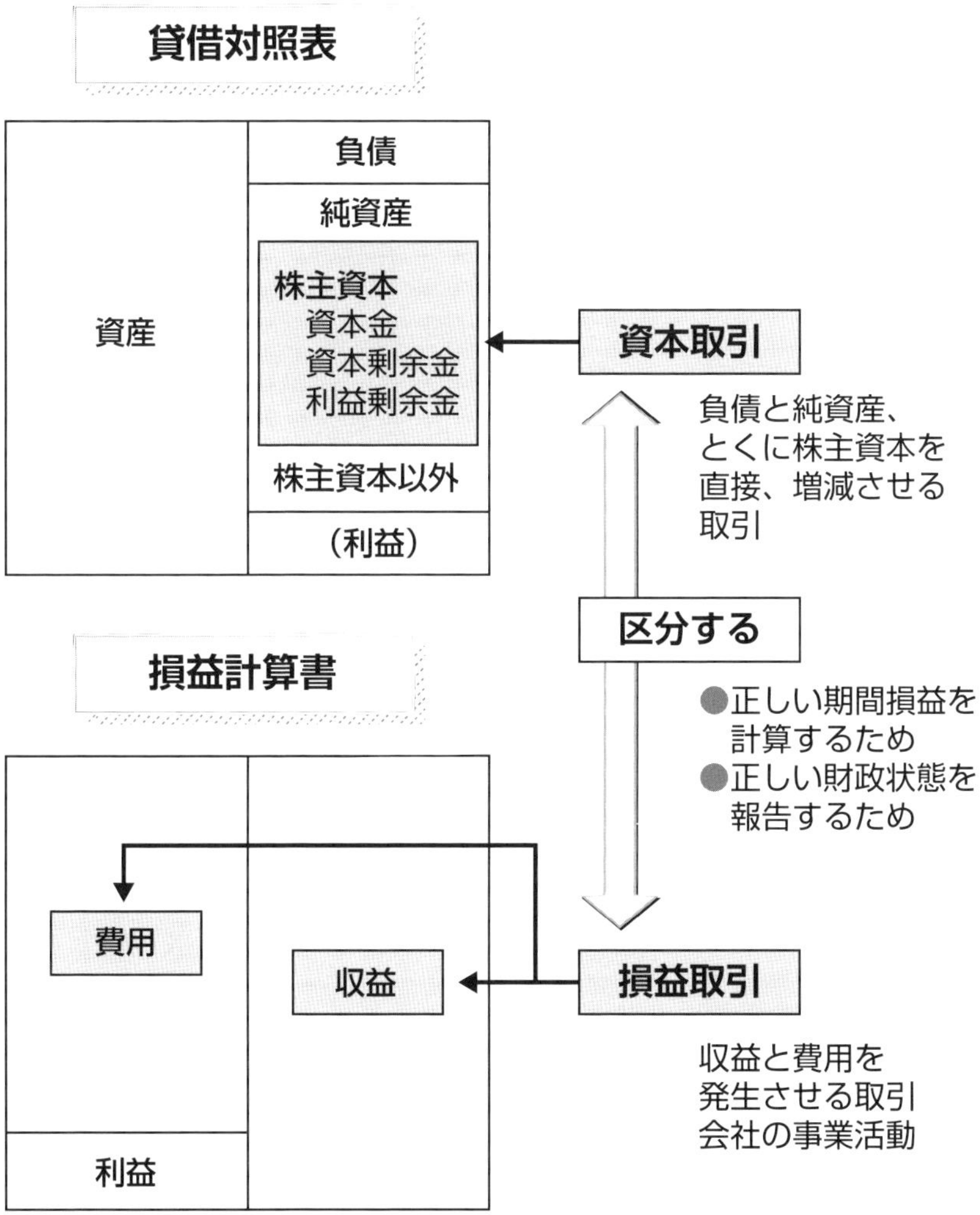
貸借対照表
資産
負債
純資産
株主資本
資本金
資本剰余金
利益剰余金
株主資本以外
(利益)
資本取引
負債と純資産、
とくに株主資本を
直接、増減させる
取引
区分する
●正しい期間損益を
計算するため
●正しい財政状態を
報告するため
損益計算書
費用
収益
利益
損益取引
収益と費用を
発生させる取引
会社の事業活動

資本取引と損益取引を区分しないと、正しい期間損益計算や正しい財政状態の報告ができない

■区分しないと正しい期間損益計算ができない

なぜ、資本取引と損益取引は区分しなければならないのでしょうか。

まず、区分しないと、正しい期間損益計算がゆがめられることがあげられます。

たとえば、増資をして株式を買ってもらい、株主から払込金を受け取るのは本来、資本取引です。

仮に、この払込金を収益に計上してしまうような処理があったとすると、資本取引と損益取引の混同になります。

増資を行なった場合、会社は資本金か、資本剰余金にその金額を入れるのが本来の処理です。

しかし、その金額を収益に計上してしまうと、まず、増加するはずだった資本金や資本剰余金が、増加しないことになります。

また他方では、増加しなかったはずの収益が増加するわけです。

これでは正しい期間損益計算はできず、正しい財政状態の報告もできません。

さらに本来、増加するはずだった資本金や資本剰余金は、株主のものである株主資本の一部です。

それを収益に計上してしまうことは、そこから様々な費用を引いて、使ってしまうことを意味しています。

株主の出資を、費用の支払いに使ってしまうわけですから、会社の資本金などを本来より少なくし、会社の財務体質を痛めることにほかなりません。

株主に株式を買ってもらった代金は、売上にならないのではなく、売上にしてはいけないのです。

■資本剰余金と利益剰余金を区分するワケ

では、とくに注意されている資本剰余金と利益剰余金の混同についてはどうでしょうか。

資本剰余金は、株主から払い込まれたお金のうち、会社が資本金としなかった分です。利益剰余金は、簡単に言うと、会社が内部留保した利益のことを指

「資本取引・損益取引区分の原則」とは？

> 「資本取引と損益取引とを明瞭に区別し、特に資本剰余金と利益剰余金とを混同してはならない。」
>
> （一般原則の三）

資本取引と損益取引を区別する

資本剰余金と利益剰余金も区別する

資本取引・損益取引区分の原則は、一般原則のひとつ

します。

資本剰余金は、資本金と同じようなものですから、配当などに使わず維持し、そのままにしておくべきお金です（「維持拘束性」と言います）。

一方、利益剰余金は、利益の内部留保ですから、株主への配当などに使えるお金です（「分配可能性」と言います）。

この性格が違う両者を一緒にしてしまうと、本来、資本金と同様に維持しておくべき資本剰余金が、配当などに使われてしまう恐れがあるわけです。

また、資本剰余金は資本取引——株式や社債の発行などから生じたお金です。一方、利益剰余金は損益取引、すなわち会社の事業活動から生じた利益の内部留保です。

この2つをきちんと区別しておくと、貸借対照表を見る投資家などが、会社がどれだけ内部留保しているかがわかり、投資の判断にも役立ちます。

7 会社の財産の帳簿価格は、なぜ時価でないのか?

貸借対照表の資産の価額は「取得原価」を基礎とする

■財務諸表の金額は「総額主義の原則」で

貸借対照表と損益計算書の金額の表示にも、ルールがあります。

まず、貸借対照表の資産と負債・純資産、損益計算書の収益と費用の金額は、それぞれを相殺してはいけません。

たとえば、貸借対照表の資産に１００万円の売掛金があって、負債に80万円の買掛金があった場合、相殺して売掛金20万円としてはいけないということです。

これを「総額主義の原則」と言います。

ちなみに、相殺して残りを表示するのは、総額に対して純額と言います。

財務諸表の金額は、なぜ相殺をしていない総額でなければならないのでしょうか。

それは、その会社の財政規模がわからなくなるからです。

売掛金20万円とだけ表示されていた場合、売掛金１００万円で買掛金80万円なのか、あるいは売掛金１０００万円で買掛金９８０万円なのか、わかりません。

そして、売掛金１００万円の会社と、売掛金１０００万円の会社では、財政の規模がまるで違います。投資家や、取引をしようとする人は、判断に困ってしまうでしょう。

損益計算書でも同じです。売上高と売上原価を相

78 「総額主義の原則」とは?

> 「資産、負債及び資本は、総額によって記載することを原則とし、資産の項目と負債又は資本の項目とを相殺することによって、その全部又は一部を貸借対照表から除去してはならない。」　（貸借対照表原則の一のB）

総額によって記載する

相殺してはいけない

損益計算書にも同じ「総額主義の原則」がある

殺して、売上総利益２００万円と表示されていたら、売上高は１０００万円なのか、あるいは1億円なのか、わからないでしょう。

このように損益計算書では、その会社の売上高、すなわち取引の規模がわからなくなります。

総額主義の原則は、貸借対照表と損益計算書に共通する原則です。上の図は貸借対照表原則の例ですが、損益計算書原則にも同じく「総額主義の原則」という項目があります。

違いは、貸借対照表の資産が費用に、負債・純資産が収益に変わっている点だけです。

■貸借対照表の資産は「取得原価主義」で

貸借対照表については、もうひとつ金額表示のルールがあります。

貸借対照表の資産の金額は、原則として、取得したときの価格をもとに計上するというものです。

具体的には、「当該資産の取得原価を基礎として計上しなければならない」とあります（貸借対照表原則の五「資産の貸借対照表価額」）。このルールは「取得原価主義」と呼ばれるものです。

「基礎として」とあるのは、資産の減価償却のことを言っています。先の引用に続けて、「資産の種類に応じた費用配分の原則によって、各事業年度に配分しなければならない」とあるからです。

つまり、取得原価は減価償却費として各事業年度に配分し、その分、帳簿価額を減らすということを言っています。

ただし、同じ固定資産でも、土地は減価償却をしないので、帳簿価額は取得原価のままです。

このような計算をするため、資産の帳簿価額が時価とかけ離れた一応の目安になってしまうということは、先に触れたとおりです（→P123）。

実際の価格との差は、売却するなどしてその資産を手放した時点で、損益（固定資産売却損・益）としてわかることになります。

■なぜ資産を時価評価しないのか？

資産の帳簿価額が実際の価格とかけ離れてしまうなら、なぜ時価で計上しないのでしょうか。

それは**取得原価が実際の取引価格であるため、客観性がある**からです。取得した時点以降でも、減価償却費を差し引くだけで、基礎となった金額は変わりません。もし、何か証明が必要になっても、支払いの記録などから簡単に実際の金額が証明できます。

このようなことから取得原価主義は、資産価格の計上基準として認められているわけです。

それに対して時価で評価すると、たとえば評価額が帳簿価額より高かった場合、計算上の評価益が出ることになります。

しかしこの利益は、実現していない利益、「未実現利益」です。「収益は、実現した時点で計上」するという原則に反するし、客観性にも乏しいと言え

資産の帳簿価額は「取得原価」を基礎にする

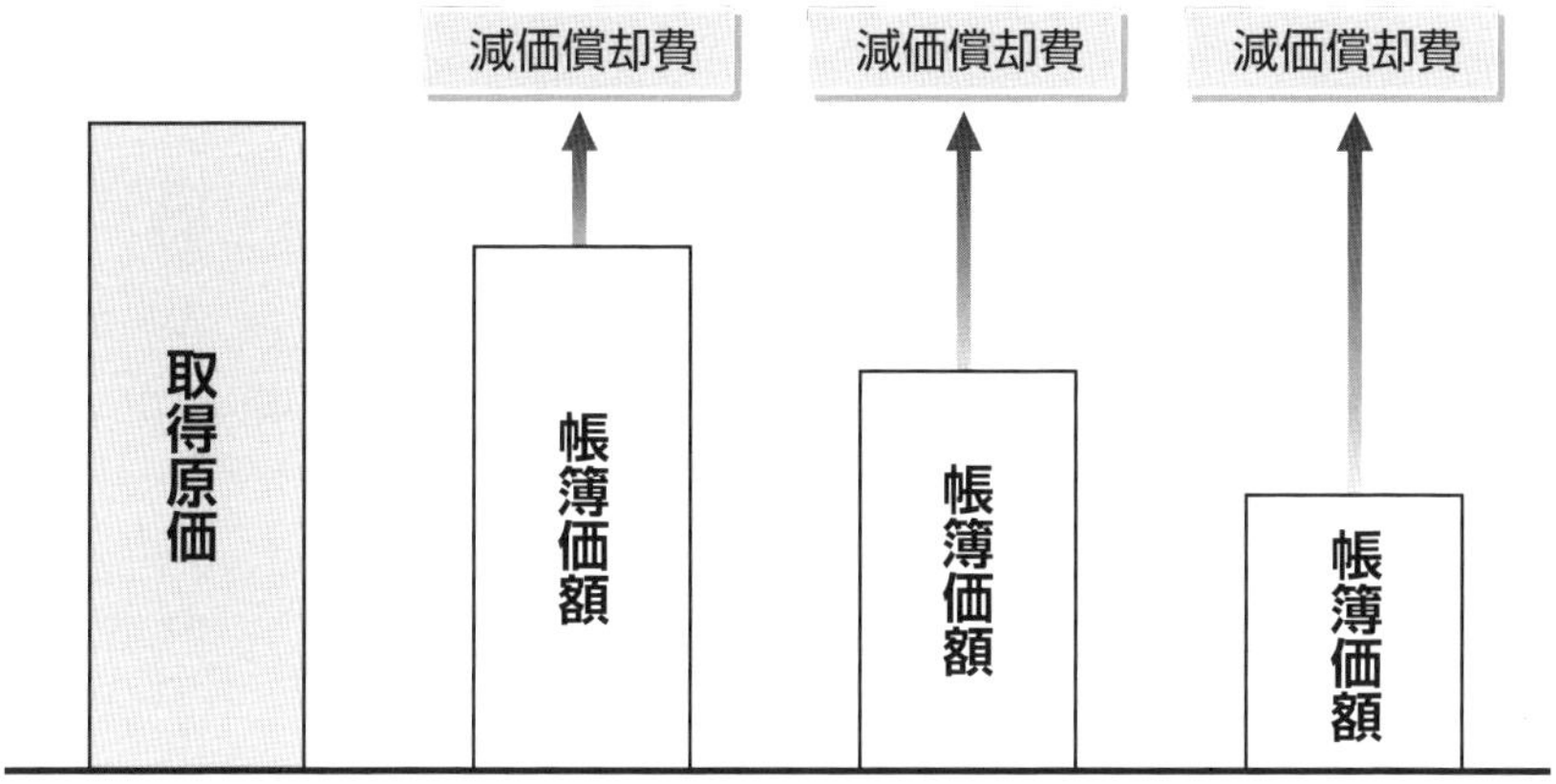

減価償却費の分が差し引かれて帳簿価額になる

ます。

また、毎期、評価替えをするとしても、その時価評価の正しさを客観的に証明することはむずかしいでしょう。

■資産の一部は時価で評価する

しかし、取得原価と時価の差があまりに大きくなると、貸借対照表の資産価額全体が、逆に実態からかけ離れたものになってしまいます。

会社が保有している資産が、実際より低く評価されていることになるからです。取得原価主義では、正しい財政状態の報告ができないことになってしまいます。

そのため**現在では、金融商品など一部の資産について、取得原価に代わり時価評価をすることになっています**。その時価評価のための会計基準もあります。（→P162）。

8 重要でないものは簡便法という会計のルールがある

簡便な方法を認める「重要性の原則」

■正規の簿記の原則に従った方法とは？

資産の帳簿価額のおおもとを取得原価にするなど、会計の処理は本来、厳密なルールのもとで行なわれるものです。

しかし、場合によっては厳密でなくてもよいとするルールもあります。「重要性の原則」というルールです。

重要性の原則は、企業会計原則の本体でなく、「企業会計原則注解」という、企業会計原則に付けた「注」を集めたものの冒頭、「注1」にあります。

注1は、正規の簿記の原則、明瞭性の原則、それに貸借対照表原則に付けられた注です。

その内容は左のとおり、重要性の乏しいものは簡便な方法によってもよいというものですが、ポイントは**簡便な方法でも「正規の簿記の原則に従った処理」と認められる**というところです。

正規の簿記の原則は「すべての取引」について、正規の簿記の原則に従うことを求めています。そこで、簡便な方法も従っているとしているわけです。

■たとえば切手代の会計処理を見てみると……

重要性の原則に従った会計処理として、よく引き合いに出されるのは切手代です。切手代は、最終的に「通信費」になります。

しかし実際には、経理や総務の担当者がまとめて切手を何十枚か買い、ストックしておいて、必要な人に必要なだけ渡すしくみにしている会社が多いで

「重要性の原則」とは?

「(前略)重要性の乏しいものについては、本来の厳密な会計処理によらないで他の簡便な方法によることも、正規の簿記の原則に従った処理として認められる。」

(企業会計原則注解[注1])

逆に言えば重要なものには厳密な処理が必要

正規の簿記の原則の注でもある

重要性の原則は「明瞭性の原則」「正規の簿価の原則」などの注

しょう。これを「本来の厳密な会計処理」で行なうと、次のようになります。

①切手を買ってきたら、いったん「貯蔵品」という勘定科目で会計処理をする。

②切手を1枚もらいにきたら渡し、その1枚分だけ「貯蔵品」から「通信費」に振り替える会計処理をする。

③ストックの切手がなくなるまで②を繰り返す。

わずか100円程度の切手のために、担当者がこれだけの会計処理をするのは、担当者の人件費を考えると大きなムダです。

そこで、切手を何十枚か買ってきたら、その時点で一度に通信費にする簡便法が使われています。この方法だと、もらいにきた人に切手を渡す仕事は残りますが、会計処理は一度で済みます。

この簡便な会計処理が認められるのは、切手代はトータルでも金額が小さく、明らかに「重要性の乏しいもの」と考えられるからです。

9 貸倒れなどに備えて「引当金」を計上するのはなぜ?

引当金は、それ自体が「保守主義の原則」に従った会計処理

■「保守主義の原則」とは?

見出しにある「保守主義の原則」とは、左の図上のようなものです。「安全性の原則」とも言います。

これは、財政状態の実態や、将来のリスクに対して、あえて挑戦することはせず、保守的な会計処理をすることを求める原則です。

保守主義の原則に従った会計処理としては、実現主義による収益の計上をあげましたが(→P128)、ほかに「引当金」などの例があります。

■引当金のルールと意味

引当金とは、将来発生する特定の費用や損失に備えて、あらかじめ一定の額を当期の費用として計上しておくものです。たとえば、売掛金が回収不能になる貸倒れに備えて計上する「貸倒引当金」などがあります。

引当金の計上は、それ自体が保守主義の原則に従った会計処理です。

保守主義の原則を含めて、企業会計原則の一般原則は7つです。これに加えて、ここまでに出てきた会計原則をまとめると、左下のような構成になります。会計原則は、あくまでも「原則」ですから、それだけで、具体的な会計処理がわかるわけではありません。具体的な会計処理のためには、個々の会計処理について定めた「会計基準」があります。

次の章では、その会計基準について見ていくことにしましょう。

「保守主義(安全性)の原則」とは?

「企業の財政に不利な影響を及ぼす可能性がある場合には、これに備えて適当に健全な会計処理をしなければならない。」

（一般原則の六）

たとえば貸倒れの可能性がある場合に

「貸倒引当金」を計上する

引当金の計上は保守主義の原則に従った会計処理

企業会計原則の構成

- 企業会計原則
  - 一般原則
    - ①真実性の原則
      - ②正規の簿記の原則
      - ③資本取引・損益取引区分の原則
      - ④明瞭性の原則
      - ⑤継続性の原則
      - ⑥保守主義（安全性）の原則
      - ⑦単一性の原則
  - 損益計算書原則
  - 貸借対照表原則
  - 企業会計原則注解

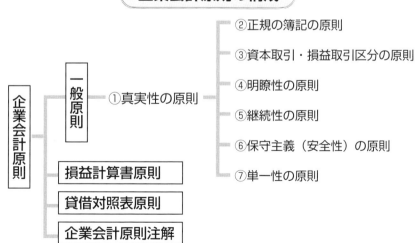

Column

「前払費用」と「前払金」、似ているが、どこが違う？

貸借対照表に「前払費用」「前払金」という科目があります。どちらも、次期に受け取る商品やサービスの前払いを計上する科目で、期間損益計算（→P117）を正しく行なう目的のものです。「費用」「金」という名前が付いていますが、資産の科目になります。

前払費用と前払金は、名前も性質もよく似た資産科目ですが、どこが違うかを示しているのが、企業会計原則注解５（1）です。

それによれば、前払費用は「一定の契約に従い、継続して役務の提供を受ける場合」の前払いで、たとえば賃借料や利息などがあげられるでしょう。それ以外の前払金とは、区別しなければならないとされています。

企業会計原則は、場合によっては、このような具体的なことまで定めているわけです。

もっとも、上場企業ならともかく、一般の会社ではそこまで厳密な区別をしているとは限りません。たとえば、「費用」「金」という語感から、支払ったら費用になるものを前払費用、それ以外の固定資産になるものなどを前払金とする、といった区別です。

たしかに、費用になるのが前払費用で、資産などになるのが前払金という区別は、考え方としてはわかりやすいと言えるかもしれません。

第5章

踏み込んで押さえておきたい会計のルール

「決算書」などの会計の基本を理解したら、
様々な〝会計基準〟、リース会計などのしくみのほか、
一歩踏み込んだ会計ルールをチェックしておこう。

1 日本の会社が採用できる4つの会計基準とは？

日本基準、米国基準、ＩＦＲＳ、Ｊ－ＩＦＲＳの4つ

■「会計基準」とはどういうものか？

会計のルールは、それぞれの国の昔からのルールや、その国が定めた法令などから成り立っています。ですから、国によって会計のルールは異なり、それぞれの国によって特徴があるものです。

日本の会計のルールは、前章で見た企業会計原則を中心として、様々な「会計基準」で構成されています。

会計基準とは、たとえば「連結財務諸表に関する会計基準」「リース取引に関する会計基準」というように、個別の会計のルールについて、企業会計原則より具体的に定めたものです。

企業会計原則は１９４９年に、当時の大蔵省企業会計審議会が定めたものですが、その後、同審議会は、経済や社会の変化に応じて、様々な会計基準を設定しています。

また、２００１年から会計基準の設定を引き継いでいるのが「企業会計基準委員会」です。

企業会計基準委員会は、日本の会計基準の設定を民間に移管するために設立された、財務会計基準機構の中にあります。

機構は財団法人になっていて、構成しているのは、一般の企業、公認会計士、銀行・証券・保険会社から、学会、個人など、会計のルールを必要とする各界の代表者などです。

会計基準は、関係省庁や学者だけでなく、民間の

狭い意味の「会計基準」とは？

例

- 連結財務諸表に関する会計基準
- リース取引に関する会計基準
- 退職給付に係る会計基準
- 金融商品に係る会計基準
- ⋮

個別の会計のルールについて、より具体的に定めている

企業会計原則を中心に、日本の会計のルールを構成している

関係者も参加して作られているわけです。

そして、企業会計原則と会計基準に定めるルールを、主に3つの法律——金融商品取引法・会社法・税法が利用することによって、日本の会計制度は成り立っています（→P86）。

■採用できる４つの会計基準とは？

企業会計原則と、具体的な会計基準で成り立つ会計のルール全体を、「会計基準」と呼ぶこともあります。その場合の会計基準は、財務諸表を作成する際のルール全般という意味です。

これを「GAAP」（ギャープ）と言います。GAAPはGenerally Accepted Accounting Principlesの略で、日本語では「一般に公正妥当と認められた会計原則」と訳されます。

このGAAP＝広い意味の会計基準で言うと、日本の会社が採用できる会計基準は、全部で４つあります。

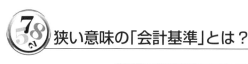

左の図がそれで、Ｊ‐ＧＡＡＰ＝日本会計基準、ＵＳ‐ＧＡＡＰ＝米国会計基準、ＩＦＲＳ＝国際会計基準、Ｊ‐ＩＦＲＳ＝修正国際基準の４つです。

■４つの会計基準の特徴は？

４つの会計基準は、会計のしくみとしては共通の部分がありますが、それぞれ次のような特徴を持っています。

①日本会計基準（Ｊ‐ＧＡＡＰ）

ここまでに説明してきた会計基準です。企業会計原則を中心とし、各種の具体的な会計基準で構成されています。

ただし、日本会計基準がどこの国でも認められているわけではありません。

②米国会計基準（ＵＳ‐ＧＡＡＰ）

アメリカで採用されている会計基準です。

米国財務会計基準審議会（ＦＡＳＢ）が発行する財務会計基準書や、ＦＡＳＢ解釈指針といったものなどから構成されています。

次に説明するＩＦＲＳと並ぶ、世界的な会計基準になっており、日本会計基準も参考にしています。

アメリカでは、日本会計基準は認められていないため、アメリカで上場する日本企業は、米国基準に基づいた財務諸表を作成しなければなりません。

③ＩＦＲＳ（国際会計基準）

ＩＦＲＳは、International Financial Reporting Standardsの略で、「イファース」と読みます。

直訳すれば国際財務報告基準ですが、前身のＩＡＳが国際会計基準と訳されていたせいもあり、総称して国際会計基準と呼ぶのが一般的です。

ＩＦＲＳは、国際財務基準審議会が設定している会計基準で、ＥＵ域内の上場企業に対して導入が義務づけられている会計基準です。

ただし、時価評価を重視するため、売上の納品基

日本の会社が採用できる4つの「会計基準」とは？

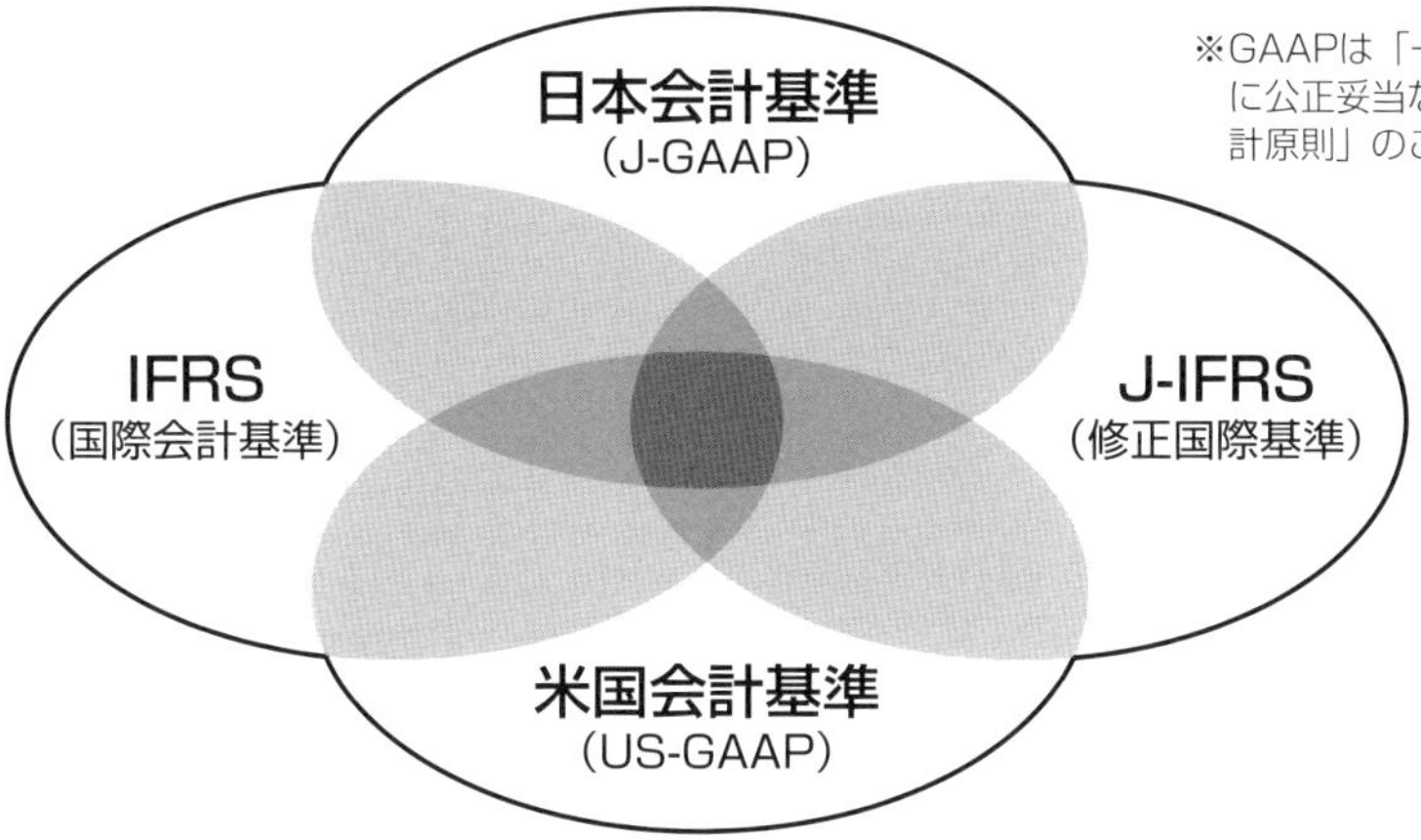

※GAAPは「一般に公正妥当な会計原則」のこと

4つの会計基準には共通する部分もあるが、それぞれの特徴がある

準は認められず、すべて検収基準とするなど、日本の企業にはハードルが高くなっています。

しかし、たとえばＥＵ域内で上場して、資金調達を行なおうとするなら、ＩＦＲＳに基づいた財務諸表の作成が必要です。

④Ｊ－ＩＦＲＳ（修正国際基準）

ＩＦＲＳの基準の一部を、日本の国内事情などに合わせて調整した基準です。ＪＭＩＳ（ジェーミス＝Japan's Modified International Standards）とも言います。

ＩＦＲＳとの違いは、たとえばＩＦＲＳが認めていない「のれん代」の償却を、日本基準に合わせて認めている点などです。

のれん代とは、ブランド力や技術力などのことで、無形固定資産に計上して少しずつ、償却されます。

ただしＩＦＲＳは、少しでも修正や削除を加えたものは、ＩＦＲＳとして認めない立場です。

2 「連結会計」は、なぜ重要視されるのか？

企業グループはグループ全体の「連結財務諸表」で見る

■連結財務諸表でグループの全体像をつかむ

個別の会計のルールについて、「○○会計」と呼ぶことがあります。

たとえば、次項のリース取引に関する会計処理を「リース会計」と呼ぶような例です。

その流れで言えば、連結財務諸表に関する会計は「連結会計」になります。連結会計は、「連結財務諸表に関する会計基準」というルールに従った会計処理のことです。

「連結財務諸表」とは、企業グループをひとつの組織とみなして、連結貸借対照表、連結損益計算書、連結キャッシュフロー計算書などを作成するものです。個々の会社の分は「個別財務諸表」と呼びます。

個別財務諸表を見る限りでは、利益の出ている会社もあれば、赤字の会社もあるものです。しかしグループ全体で見れば、全体像を把握することができます。

作成の順番は、左の図のように、先にグループ各社の個別決算を行ない、それを集計する手順です。

■連結財務諸表が〝主〟、個別は〝従〟

連結財務諸表は昔からありましたが、あくまでも個別財務諸表が主で、連結財務諸表は従という位置づけでした。それが１９９９年に導入された新制度から、連結財務諸表が主で、個別財務諸表は従と逆転した経緯があります。

連結する対象の子会社についても、実質的に経営を左右できる子会社はすべて、連結の対象になっています。
グループ全体としての財政や業績が、明確にわかるわけです。そのため現在では、企業グループを構成している会社については、個別財務諸表よりも連結財務諸表が重要視されています。

「連結財務諸表」を作成する手順

一定の基準で「連結対象企業」を決める

↓ 持株比率や役員の派遣など、細かい基準が定められている

連結対象企業の会計処理を統一する

↓

連結各社で個別決算をする

↓ 各社で行なう決算が「個別決算」、その財務諸表が「個別財務諸表」

親会社と子会社の個別財務諸表を合算する

↓

連結会社間の取引消去など連結調整をする

↓ 親会社の投資額と子会社の資本、債権・債務の消去なども行なう

連結財務諸表を作成する

↓ 連結財務諸表を作成する決算を「連結決算」と言う

連結財務諸表が主、個別財務諸表は従、
連結財務諸表のほうが重要視される

グループ各社の個別決算をしてから合算して調整し、連結財務諸表を作るしくみ

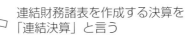

3 リース料は経費なのに経費にできないのはなぜ？

「リース会計」ではファイナンス・リースを売買取引と捉える

■リース取引は2種類に分けられる

リースと聞くと、一般的には借りるもの、すなわち賃貸借のイメージがします。クルマなどを借りてリース料を払い、期間が終わったらクルマを返すというわけです。

会社ならコピー機などを借りてリース料を支払い、期間が満了したら返却します。

しかし、リース会計では、リースを大きく2つに分類して考えています。

先にあげたイメージのようなリース取引は、「オペレーティング・リース」です。これは、ほぼイメージどおりのリース取引になります。

コピー機が設置されても、賃貸借取引ですから貸借対照表には資産として計上せず、損益計算書に「リース料」という経費を計上するだけです。

もうひとつのリース取引は、「ファイナンス・リース」と言います。

ファイナンス・リースは、実は実質的に売買取引です。中途解約不可の契約になっていたり、借り手が本体や、維持管理の費用をすべて支払う契約になっていたりします。

つまり、貸し手からお金を借りて、本体を買い、その後の維持管理の費用もすべて支払って、さらに利息も支払うリース料が設定されているわけです。

これは、貸し手から借入れを起こして、本体を購

リース取引は大きく2つ、細かくは3つに分類される

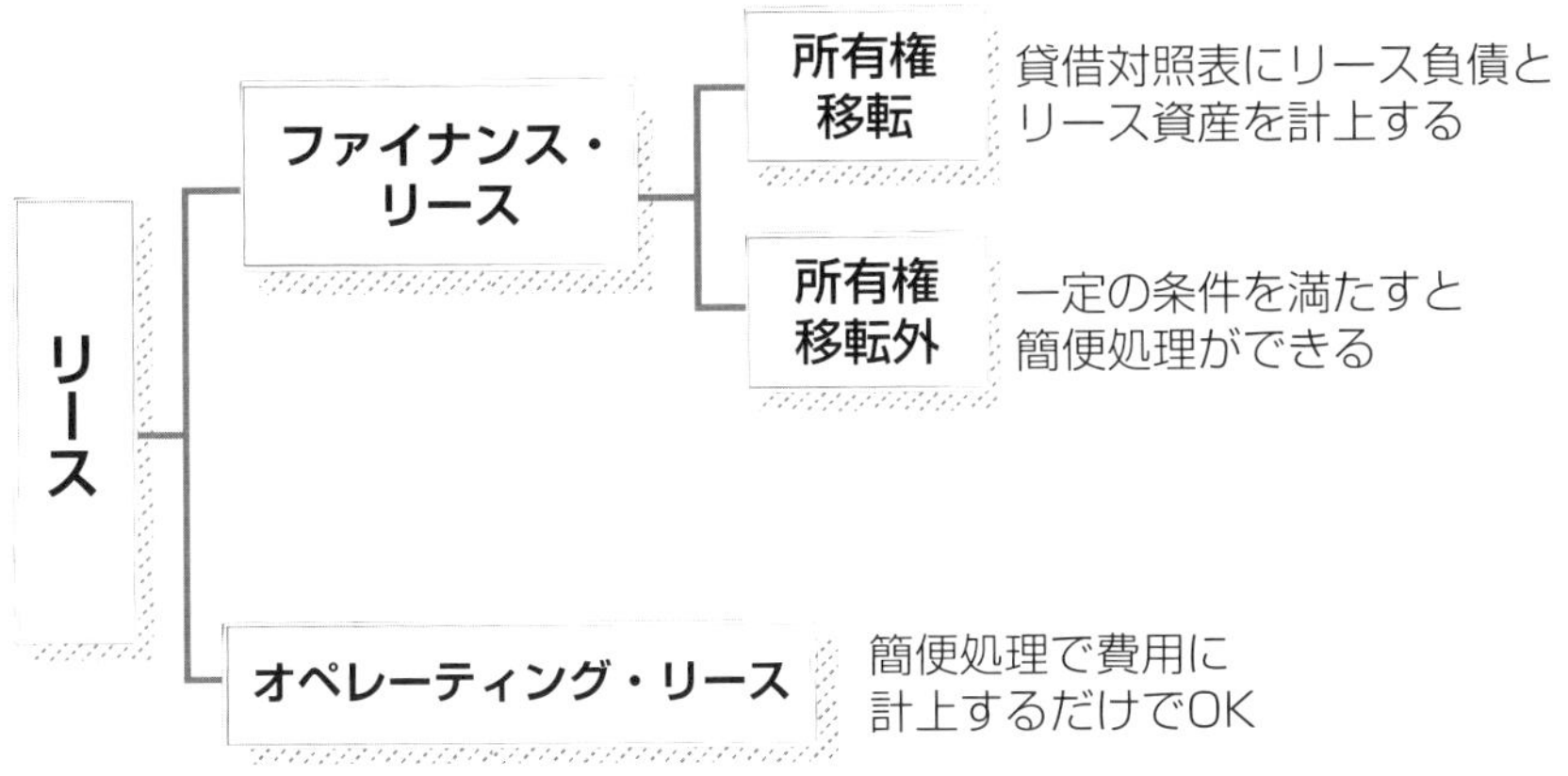
リース
ファイナンス・リース
所有権移転
貸借対照表にリース負債とリース資産を計上する
所有権移転外
一定の条件を満たすと簡便処理ができる
オペレーティング・リース
簡便処理で費用に計上するだけでOK

ファイナンス・リースは、お金を借りるのと同じ

入しているのと同じことです。中途解約は不可か、残りのリース料を全額支払う契約になっているので、借りている要素はほとんどありません。

■お金を借りたように処理する「リース会計」

具体的には、①解約不可、②フルペイアウトの2つの条件を満たすと、ファイナンス・リースとされます。

フルペイアウトとは、本体と、維持管理の費用など、すべてのコストを、実質的に支払う契約になっていることです。

ファイナンス・リースとされた場合は、お金を借りて何かを買ったときと同じ処理をします。そこでまず、支払うリース料の総額を「リース負債」として、貸借対照表に載せることが必要です。

リース料を支払ったときは、このリース負債を減らす（返済する）会計処理をします。

一方、リース物件は会社の資産になりますから、

貸借対照表に「リース資産」を載せることが必要です。このリース資産は、期末に毎年度、減価償却をして帳簿価額を減らしていきます。

このように、ファイナンス・リースについては、リース負債は借入金のように、リース資産は固定資産のように処理するのが「リース会計」です。

■リースは全部で3つに分類される

ファイナンス・リースは前ページの図のように、さらに２つに分類されます。「所有権移転」と「所有権移転外」です。

文字どおり、リース物件の所有権が借り手に移転するかしないかの違いですが、所有権移転の場合は、先に見たようなリース負債とリース資産を計上する会計処理をします（原則法と言います）。

しかし、所有権移転外の場合は、次の条件を満たした場合に限って、オペレーティング・リースと同じ会計処理が認められます（簡便処理）。

借り手が中小企業である場合で、次のケースです。

①リース期間が1年以内のリース契約

もしくは、

②リース契約1件当たりのリース料総額が３００万円以下

ファイナンス・リースでも、所有権移転外のリース契約でこの条件を満たした場合は、オペレーティング・リースと同じく、リース料を経費として計上するだけで済みます。

リース負債、リース資産の計上は必要ありません。

■リース会計は見直しが予定されている

実は、リースに関する会計基準は、見直しが予定されています。２０２３年5月にはすでに、「リースに関する会計基準（案）」が企業会計基準委員会によって公表されているのです。

新しい基準案では、オペレーティング・リース、ファイナンス・リースを問わず、借り手のすべての

「リース会計」とは？

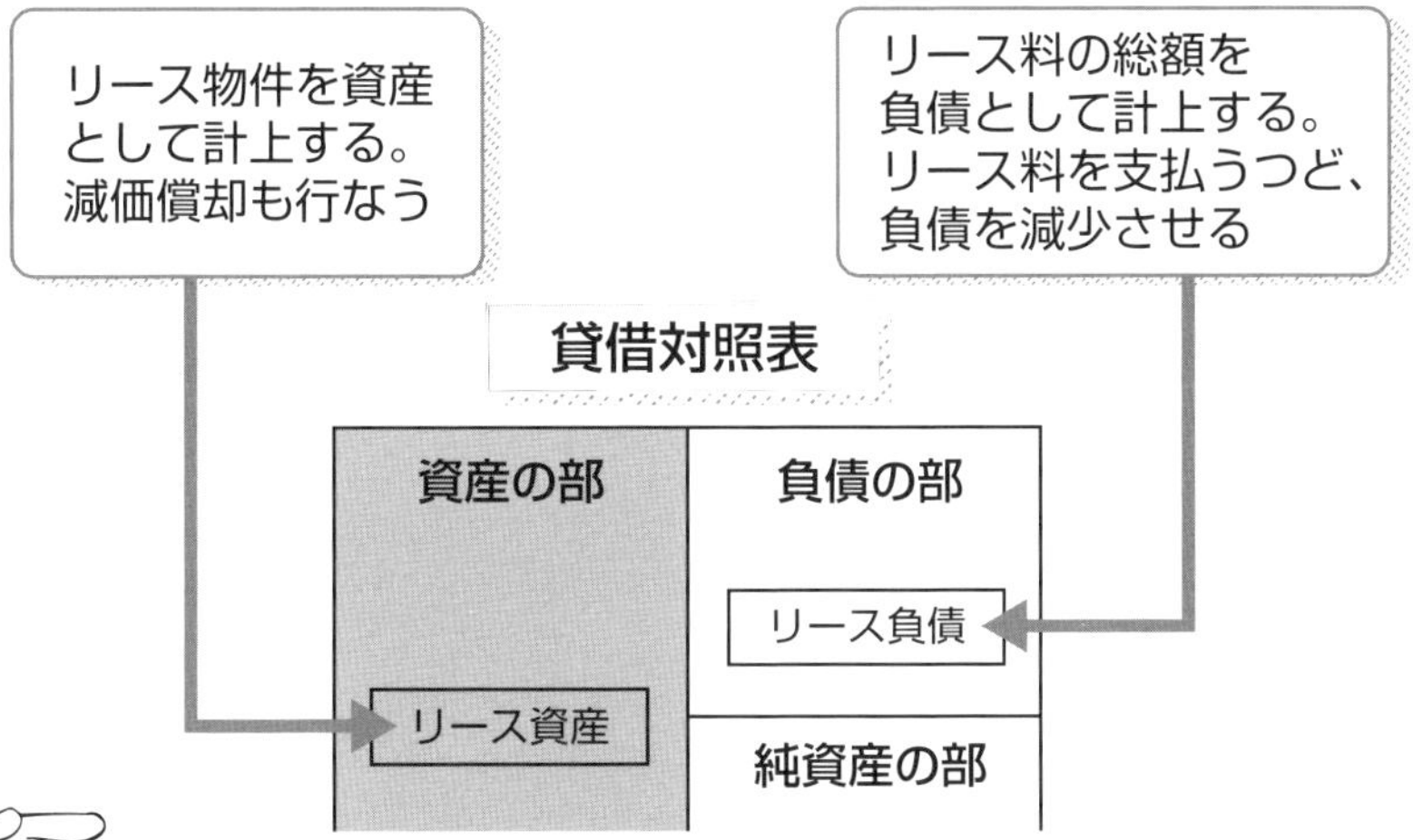
リース物件を資産
として計上する。
減価償却も行なう
リース料の総額を
負債として計上する。
リース料を支払うつど、
負債を減少させる
貸借対照表
資産の部
負債の部
リース負債
リース資産
純資産の部

お金を借りて物件を購入したのと同じ会計処理をする

リースをリース負債、リース資産として、貸借対照表に載せることになっています（バランスシートに載せる＝「オンバランス」と言います）。

つまり、オペレーティング・リースとして経費の計上だけで済んでいたものがすべて、リース負債、リース資産としての会計処理を求められるわけです。**リース料を支払った際の処理、減価償却の処理も必要になり、リースに関する事務量は3、4倍に増える**と言われています。

早ければ、２０２６年４月以後に開始する事業年度から適用の見込みです。

このような会計基準の見直しは、すべて、IFRSとのコンバージェンス（統合化）を目的としています。

最初のリース取引に係る会計基準の公表は１９９３年ですから、実に20年以上にわたり、今なおその流れは続いているわけです（→Ｐ221）。

4 退職給付費用、退職給付引当金とは？

退職一時金や企業年金の積立て方についての会計基準がある

■「退職給付会計」はなぜ必要なのか？

企業が退職者に支給する退職一時金や、企業年金の会計処理に関するルールに「退職給付に係る会計基準」があります。「退職給付」というのは、退職一時金と企業年金を合わせた呼び方です。

そこで、この会計基準に従う会計は、「退職給付会計」と呼ばれます。

企業年金には、確定拠出型企業年金（↓巻末）と、確定給付型企業年金がありますが、**退職給付会計が扱うのは確定給付型のほう**です。

確定拠出型では、企業が拠出した年金の原資になるお金を、受け取った従業員が投資先を選び、自己責任で運用します。

つまり、企業は拠出額を費用に計上すると、後は何の会計処理も必要ありません。会計基準で定めるような、面倒な処理はないわけです。

ではなぜ、確定給付型の退職一時金と、企業年金には、退職給付会計が必要になるのか――これは、退職給付会計が導入される前の状況を知ると理解できます。

確定給付型の退職一時金と、企業年金を支払うために、企業はその原資として一定額を積み立てておくのが一般的です。

とくに退職一時金は、従業員の退職時に一度に支払う金額が大きくなることがあるので、原資の積立ては欠かせません。

「退職給付会計」とは？

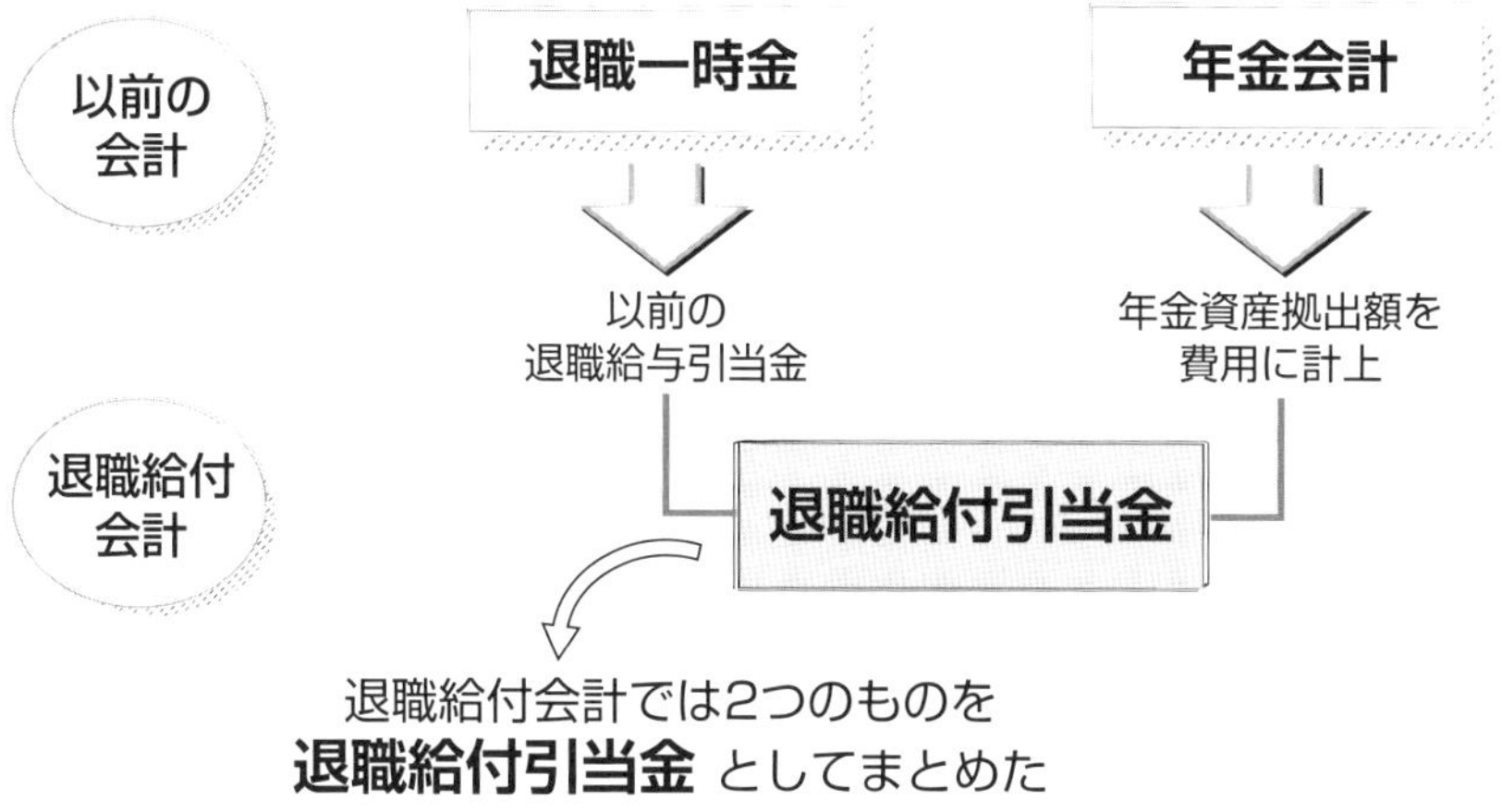

オフバランスだった不足額が退職給付引当金としてオンバランスに！

しかし、退職給付会計を導入する前の制度では、ほとんどの企業で、深刻な積立て不足に陥っていました。

もちろん各社とも、「退職給与引当金」などの形で、ある程度の積立ては行なっていました。

しかし、それで退職一時金などの支払いが可能になるのは、企業年金のために運用している「年金資産」の運用利回りが、予定どおりに推移した場合のみでした。

運用利回りが予定していたより下がると、たちまち積立てが不足する状況だったわけです。

しかも、これらの不足額は、貸借対照表に計上されない制度になっていました。「オフバランス」と言いますが、**要するに帳簿に載らない借金のようなもの**、いわゆる「簿外債務」です。

これでは、財務諸表が信頼できないものになるので、退職一時金の積立ての不足などが貸借対照表に表示されるようにしよう、というのが退職給付会計が必要とされた理由です。

退職給付会計の導入によって、オフバランスの債務が明らかになり、日本の企業の財政状態は一時、悪化しました。しかし反面、財務諸表の信頼性は高まったと言えます。

■退職給付引当金はどのように計算するか?

退職給付会計では、退職一時金と企業年金を総称して「退職給付」と呼びます。これが、退職給付会計の名前の由来です。

以前の退職給与引当金についても、「退職給付引当金」の名称を使います。

内容的にも、かつての退職給与引当金は主に、退職一時金のための引当てだったのに対し、退職給付引当金は、企業年金を含めた積立て不足額の引当てです。

つまり、以前はオフバランスだった積立て不足額が、退職給付引当金としてオンバランスになっています（前ページ図）。

具体的には、退職給付引当金は左の図のいちばん上のようなしくみで計算されます。

「退職給付債務」というのは、退職後に支給される退職一時金・企業年金のうち、これまで（当期末まで）に発生していると考えられる分です。

これは、従業員の退職後に支払わなければならない、一種の負債ですから、「債務」の名前が付いています。

また、「年金資産」の金額は時価評価です。これにより、以前の制度で予定利回りから計算して、実際には、積立て不足に陥ったような事態を避けることができます。

この**退職給付債務と、年金資産の差額を退職給付引当金として計上している**わけです。

58 「退職給付引当金」「退職給付費用」の計算法

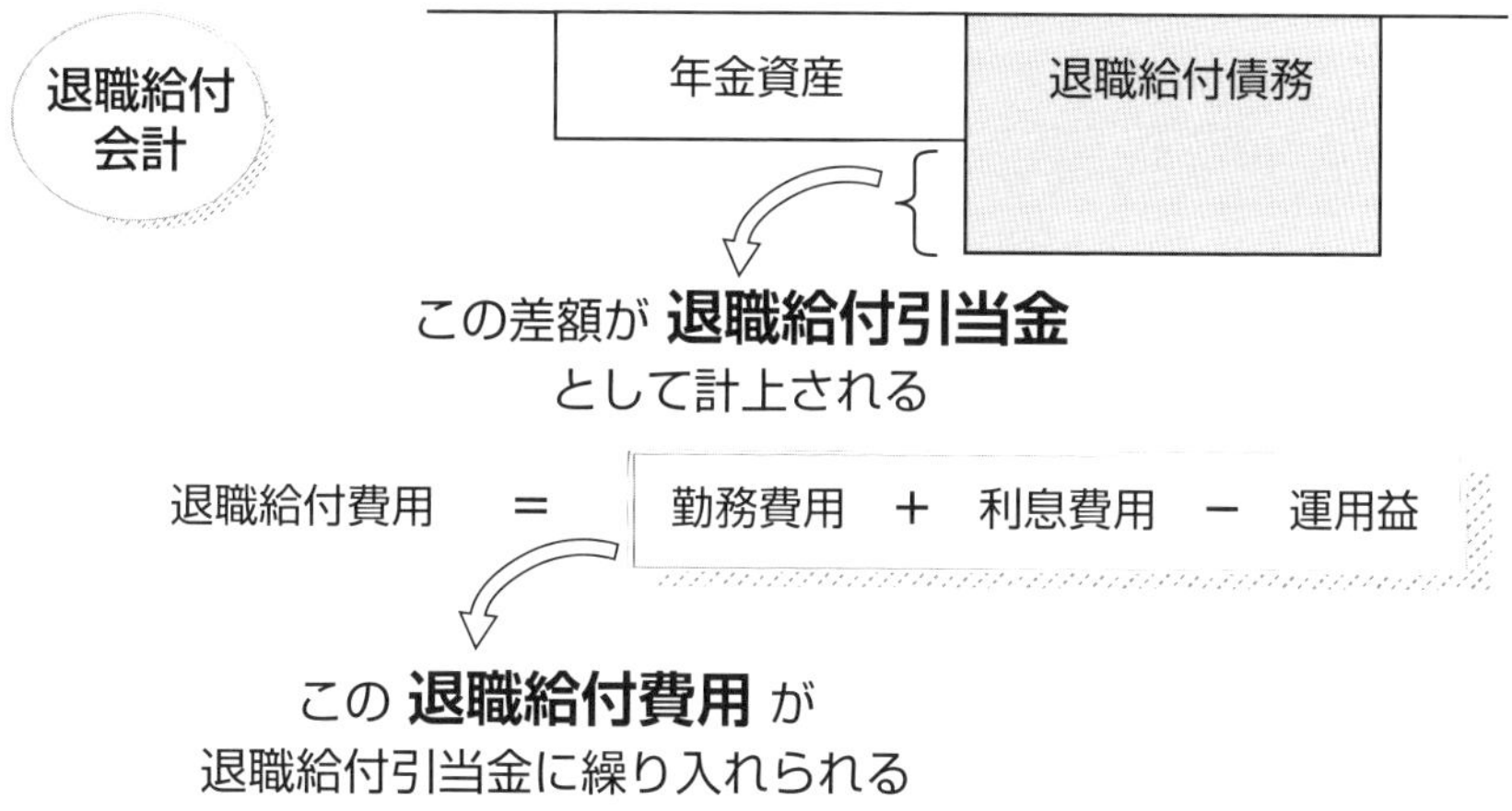
退職給付会計
年金資産
退職給付債務
この差額が 退職給付引当金
として計上される
退職給付費用 ＝ 勤務費用 ＋ 利息費用 − 運用益
この 退職給付費用 が
退職給付引当金に繰り入れられる

退職給付費用を費用計上して、退職給付引当金に繰り入れる

■退職給付費用はこうして計算されている

毎年の退職給付引当金への繰入れは、「退職給付費用」という名前の費用を計上して行ないます。退職給付費用の計算式は、上の図下のとおりです。

「勤務費用」とは、従業員が勤務したことにより、当期に発生した退職給付の分です。

また、図の退職給付債務は、債務ですから金利が発生しています。そこでこれを「利息費用」として退職給付費用にプラスします。

一方、図の年金資産は、運用しているお金ですから、運用が順調なら運用益が出ているはずです。その「運用益」の分、繰り入れる費用は少なくしてよいので、マイナスします。

こうして計算した退職給付費用を費用計上して、退職給付引当金に繰り入れます。

5 金融商品だけは「時価」で評価するのはなぜか？

株式などを取得原価のままにしておくと、実態とかけ離れてしまう

■株式などの金融商品は時価で評価する

次は「時価会計」の話です。時価会計とだけ聞くと、何でも時価で評価すると思ってしまいますが、ここで取り上げる会計のルールは、「金融商品に係る会計基準」と言います。

つまり、正確に言うと「金融商品の時価会計」です。ＩＦＲＳが重視する時価評価ですが（→Ｐ220）、日本で認められるのは金融商品だけになります。

日本の会計では、現在も「取得原価主義」が基本ですが（→Ｐ139）、株式などの金融商品は時価で評価することになっています。

理由は第一に、株式などを取得原価のままにしておくと、貸借対照表が実態とかけ離れたものになってしまうからです。

第二に、株式などの含み益を残しておくと、会社が都合のよいときに売却して、「益出し」（→巻末）ができることになり、利益操作にもつながります。

もっとも、時価評価で計上されるのも含み益ですから、一種の未実現利益です。これは、時価会計の注意点と言えます。

■具体的な時価による評価の方法は、どうする？

時価評価の対象になるのは、「金融資産」と「デリバティブ取引」（→巻末）とされています。

金融商品と聞くと、まず株式や債券が思い浮かびますが、**時価会計ではもっと幅広く、売掛金や受取**

78 時価評価する「金融資産」と「デリバティブ取引」

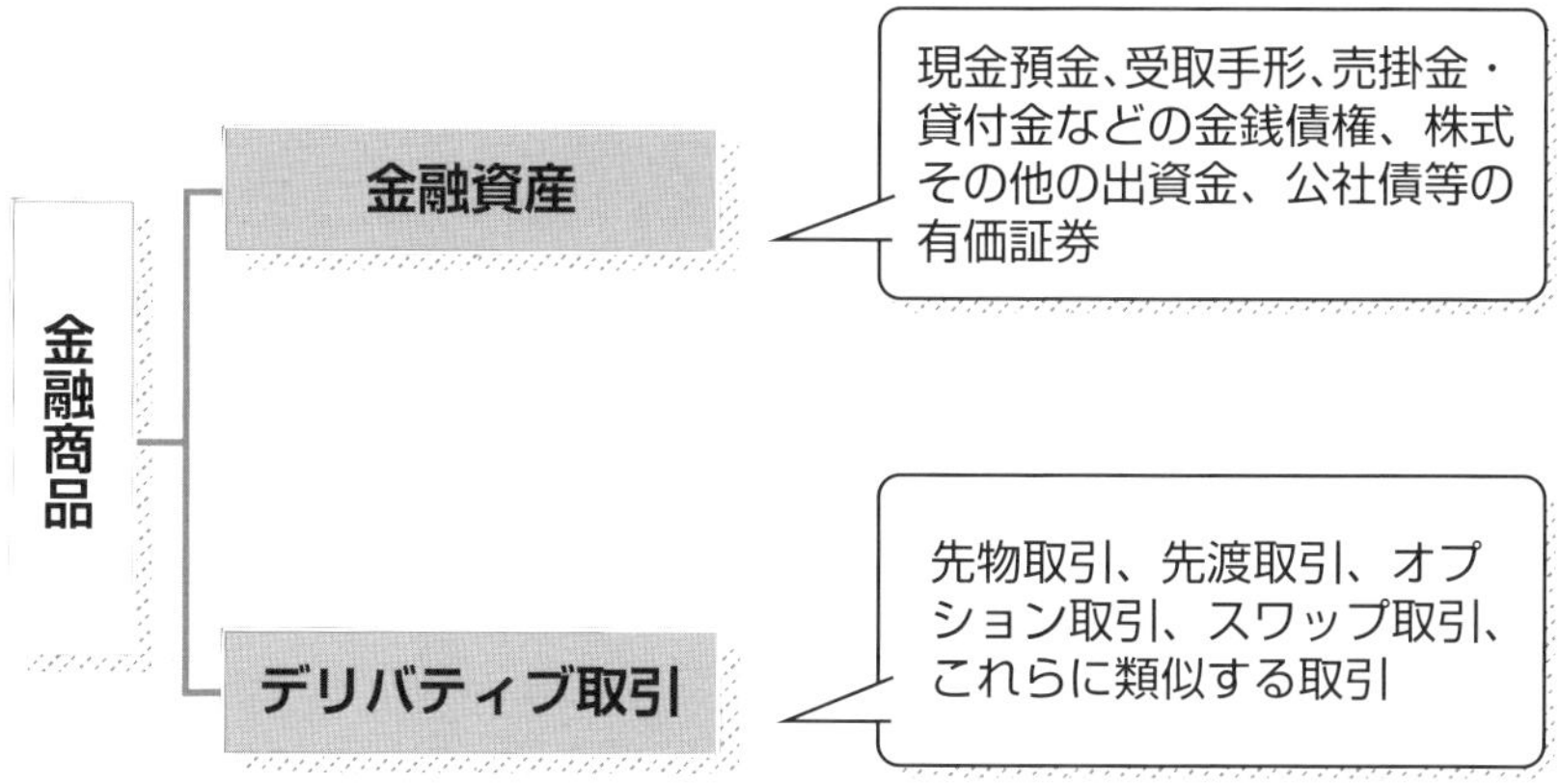
金融商品
金融資産
現金預金、受取手形、売掛金・貸付金などの金銭債権、株式その他の出資金、公社債等の有価証券
デリバティブ取引
先物取引、先渡取引、オプション取引、スワップ取引、これらに類似する取引

株式や公社債などのほか、受取手形や売掛金も金融資産になる

手形も金融資産のうちです。

　具体的に言うと、有価証券では市場性があるもの（相場が客観的にわかるもの）で、売買を目的に保有しているものなどが時価評価されます。

　時価評価の結果、出た帳簿価額との差額は、売買目的のものは当期の損益として損益計算書に載せ、それ以外は貸借対照表に載せます。これが貸借対照表の純資産の部、「評価・換算差額等」です（→P85）。

　なお、有価証券でも、満期まで保有することを目的にした社債や、子会社・関連会社の株式は時価評価をしません。

　一方、売掛金・受取手形・貸付金などの債権は、「貸倒見積額」を控除する方法をとります。

　債権は、貸倒れのリスクによって分類し、リスクが高い債券は担保の額や保証額を考慮して評価します。「割引キャッシュフロー法」（→巻末）によって評価することも可能です。

6 固定資産の帳簿価額を下げていい場合とは?

「収益性の低下」がある場合だけ減損損失を計上する

■「減損会計」は固定資産の帳簿価額を下げる

時価会計に対して、「減損《げんそん》会計」と呼ばれる会計のルールがあります。時価評価は、上がる場合も下がる場合もあるでしょうが、減損会計は、固定資産の帳簿価額を下げるだけの会計です。

そのため、「固定資産の減損会計」と言うこともあります。

減損会計とは、時価が下がったときではなく、「収益性の低下」が見られたときに価額を下げるものです。

つまり**減損会計とは、「収益性の低下」によって、投資した額が回収できなくなった固定資産について、帳簿価額を下げる会計処理**と言えます。

■「収益性の低下」とは何か?

では「収益性の低下」とは、何のことを言うのでしょうか。

会社が固定資産を購入するのは、一般の会社の場合、その固定資産を使って収益を上げるためです。たとえば、製造業の会社が工場の建物を購入した場合、目的はその建物の中で製品を製造して、販売し、収益を上げることにあります。その建物を売却して、売却益を得ることが目的ではありません。

ですから、たとえその土地や建物の評価額が下がっても、会社がその土地や建物を使って収益を上げているなら、「収益性の低下」があるとは言えません。

しかし、その土地や建物を使って充分な収益が上

「減損損失」の見分け方、計上の仕方

①「減損の徴候」を見つける

↓

②「減損損失」があるかどうかを判断する

↓

③帳簿価額を「回収可能価額」まで下げる

↓

下げた額を「減損損失」として計上する。原則として損益計算書の特別損失に計上

減損会計では、固定資産の帳簿価額が「回収可能価額」になる

がらず、土地や建物を購入する際に投資した額が回収できなくなった場合は、「収益性の低下」があることになります。帳簿価額を下げることが必要です。

■減損損失の計算の仕方は？

具体的な手順としては、まず「減損の徴候」がある固定資産を選び出します。有形固定資産のほか、無形固定資産、投資その他の資産の一部も対象です。固定資産は、たとえば工場→配送センター→販売店舗というように、グループを形成している場合があるので、その場合はグループごとに判断します。

次に、「減損損失」が発生しているかを判断します。ただし、減損損失が発生してもある程度、回収可能な額はあるものです。そこで、帳簿価額から「回収可能価額」を引いたものを減損損失とします。この減損損失を、当期の損失として計上するのが「減損会計」と言うわけです。減損損失は、原則として、損益計算書の特別損失に計上します。

7 決算書から税金の影響を切り離す方法とは？

損益計算書に「法人税等調整額」、貸借対照表に「繰延税金資産」などを計上

■正しい財務諸表のための「税効果会計」

法人税等の税金は、損益計算書では当期純利益の直前、最後の最後に差し引かれます。また、貸借対照表にはあらわれません。そのせいか、財務諸表には何の影響も与えていないと考えがちです。

しかし実は、税金の支払いが財務諸表に与える影響はあります。

その影響を「税効果」（タックス・エフェクト）と呼び、税効果を収益や費用から切り離して、会社の財政状態と経営成績を正しくあらわそうとするのが「税効果会計」です。

税効果会計が必要になるのは、財務会計と税務会計すなわち、会社が計算する会計上の利益と、税金の計算のもとになる「課税所得」が、必ずしも同じでないからです。

たとえば会社は、売れない商品の在庫の評価額を切り下げて、切り下げた分を損失として計上することがあります（「棚卸評価損」と言います）。

これは、会社の資産の状態を正しく表示するためで、会計上は正しい処理です。

しかし、実際に商品を原価割れで安売りして、損失が発生しているわけではないので、税務上は損失として認められません。

そこで、認められない分を加えて申告・納税すると、損益計算書がおかしなことになります。

つまり、当期の純利益は税金の負担増のために減

78 税効果会計では「法人税等調整額」が表示される

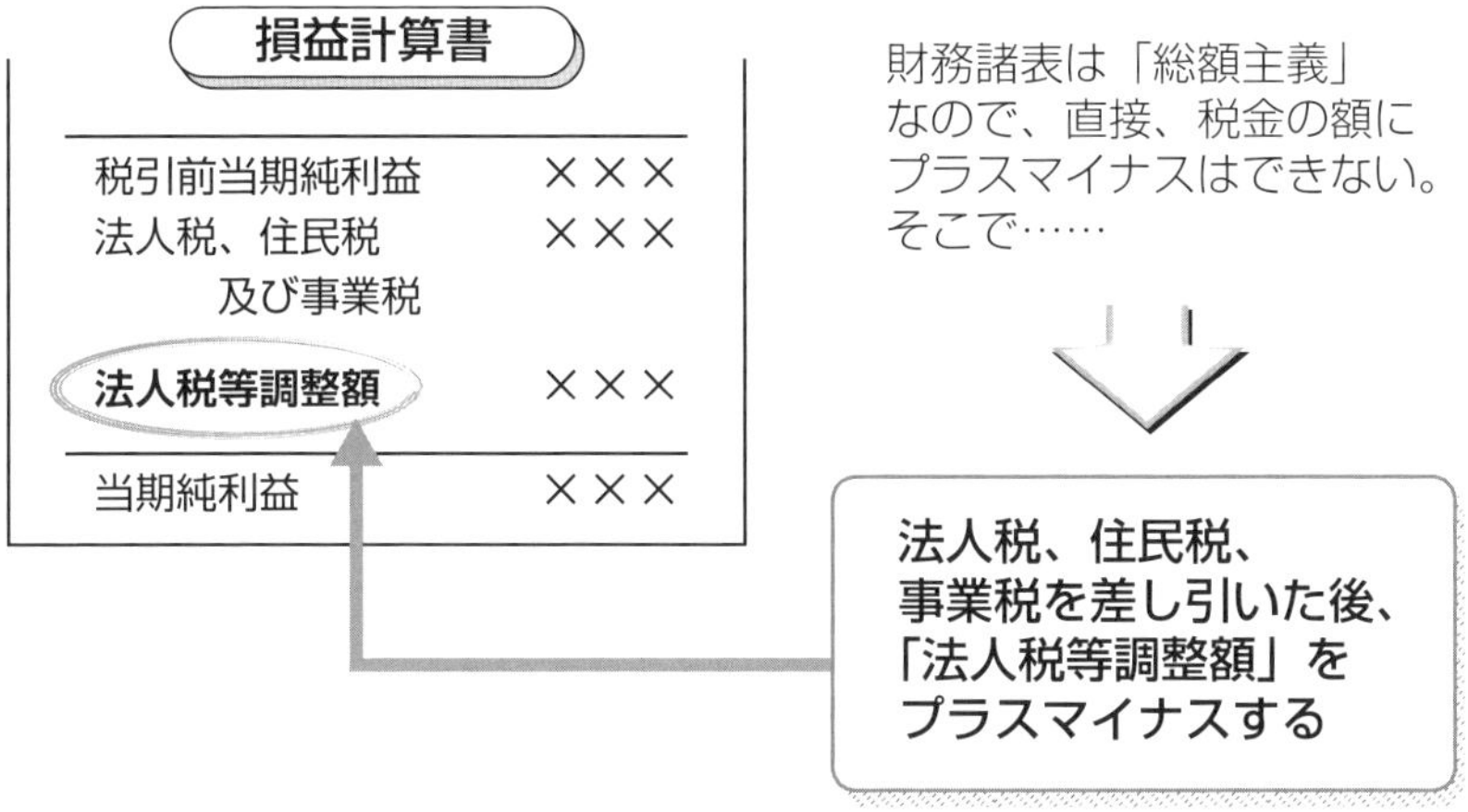
損益計算書
税引前当期純利益 ×××
法人税、住民税及び事業税 ×××
法人税等調整額 ×××
当期純利益 ×××
財務諸表は「総額主義」なので、直接、税金の額にプラスマイナスはできない。そこで……
法人税、住民税、事業税を差し引いた後、「法人税等調整額」をプラスマイナスする

法人税等調整額によって正しい損益計算書の表示ができる

るのに、次期に、実際に原価割れの安売りをすると、税負担がない分、次期の純利益が増えるのです。

2期、通算すれば同じこととは言え、これでは正しい損益計算書と言えません。

■損益計算書に「法人税等調整額」を計上する

そこで、税効果会計では、税金をひとつの「費用」と捉えることにしています。

費用なら、費用収益対応の原則（↓P122）に従って、対応しない分の税金は除き、対応する分の税金を加えるという調整ができます。

ただし、財務諸表は総額主義（↓P138）ですから、調整する分を直接、税金にプラスマイナスはできません。

そこで、損益計算書に、上の図のような「法人税等調整額」などの科目を設けて、調整した額を表示するわけです。

このように、税効果会計によって損益計算書に法

人税等調整額が加わるということは、貸借対照表にも何かが加わるということです。

たとえば、先の例のように、次期に計上するべき税金費用を、当期に計上したとすると、一種の前払いになります。

前払いなら、前払金などは資産の科目ですから、資産に計上しなければなりません。そこで税効果会計では、「繰延《くりのべ》税金資産」という名前で資産に計上します。

逆に、税金の後払いが生じた場合は、「繰延税金負債」という負債です。

■「一時差異」が税引前効果会計の対象

法人税等調整額の計上が必要になるケースは、大きく分けて2つあります。

ひとつは、先の例で見たような企業会計と税務会計の差額（差異）です。ただし、すべての差異が税効果会計の対象になるわけではありません。

たとえば交際費は、会計上は問題なく費用ですが、税法では原則として、税務計算上の費用（損金↓P40）になりません。

つまり、この差異は永久に解消されないので、「永久差異」として税効果会計の対象から外します。永久差異以外は「一時差異」です。

一時差異にも2種類あります。

たとえば会社が、税法の定める減価償却費より多い減価償却費を計上したとします。これは、費用を通常より早く計上することになるので、会計上は好ましい処理です。

しかし、税法では認められないので、超過分は課税所得に加算されて、税金が増えます。

ただし、減価償却費の総額自体は、通常の償却でも、早く償却しても変わりません。つまり、当期に増額された税金は、将来のどこかの年度で減額されるわけです。

これを**「将来減算一時差異」**と言います。反対に、当期に減額されて将来、税金が増えるのは**「将来**

一時差異と繰越欠損金が税効果会計の対象

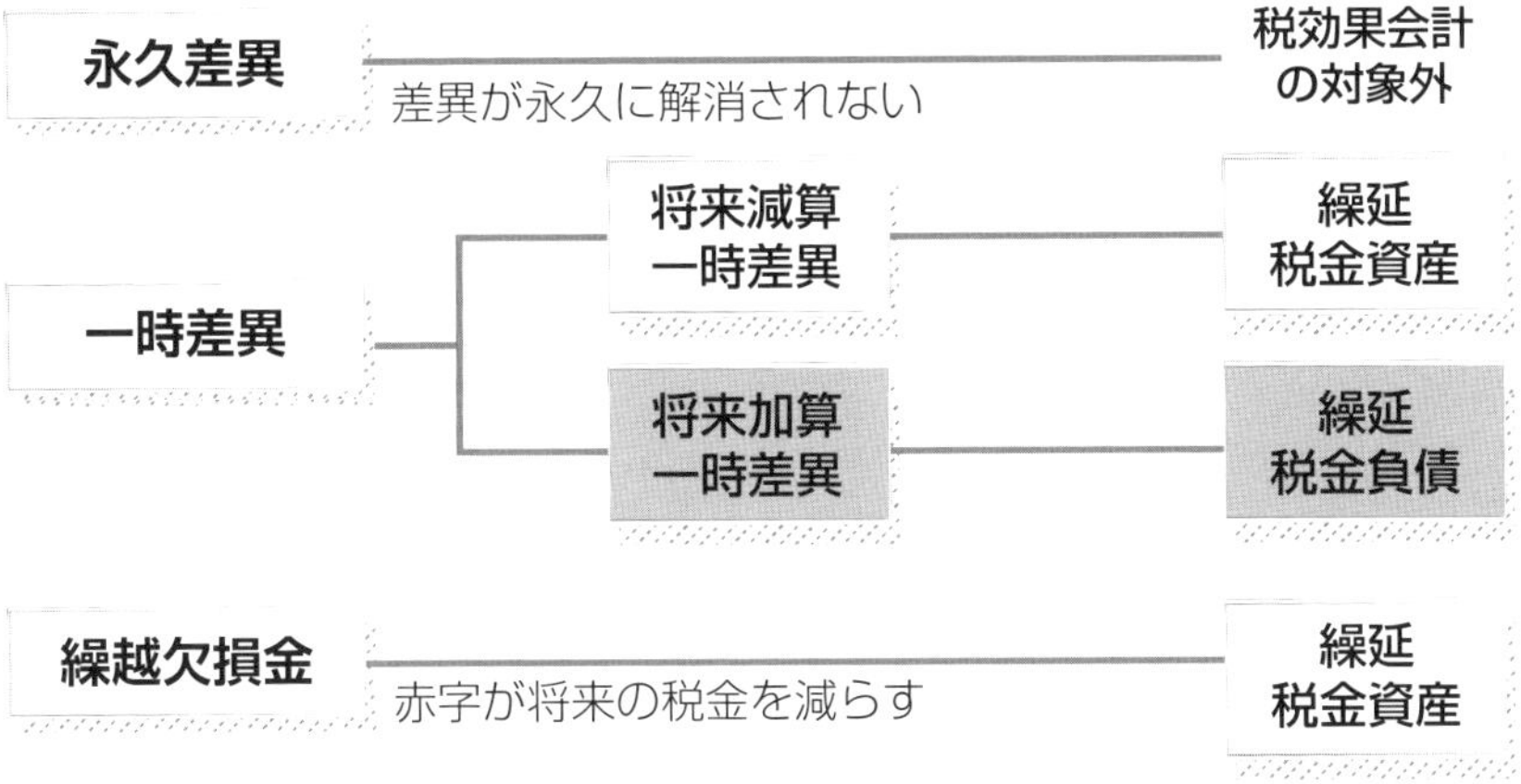

企業会計と税務会計の違いが「差異」になってあらわれている

加算一時差異」です。

■赤字も法人税等調整額になるワケ

もうひとつ、一時差異に準じる大きなものとして、「繰越《くりこし》欠損金」があります。

これは、会社が赤字になった場合に、以後10年にわたって、その赤字の額を利益から控除することを認める制度です。

つまり、赤字を補てんする分の黒字には課税されないという制度で「欠損金の繰越控除」と言います。

そこで、たとえば**当期に赤字を出したら、その赤字は将来の10年間にわたって、黒字から控除**され、税金を減らす効果があるということです。

これが、一時差異とは別の、第2の法人税等調整額になります。

ただし、そのためには、将来の10年間に支払うべき税金がなければなりません。すなわち、黒字に転化して利益を出すことが前提になります。

8 収益の実現主義に代わる新しい会計基準とは？

新収益認識基準が、セット販売やポイント・サービスについて定めている

■「新収益認識基準」とは？

損益計算書の費用の計上は発生主義、収益の計上は実現主義と前に説明しましたが（→P128）、実は新しい、収益についての会計基準がすでに運用されています。

「収益認識に関する会計基準」という名前ですが、一般には「新」を付けて、「新収益認識基準」と呼ばれています。

新収益認識基準は、2021年4月から運用されていて、すべての企業が対象です。ただし、中小企業などは、従来どおりの会計処理も可能とされています。上場会社と大会社は強制適用です。

ちなみに、会社法上の「大会社」は、資本金5億円以上、または貸借対照表の負債の合計が200億円以上の会社のことを言います。

■収益を認識する5つのステップを見てみる

新収益認識基準に定められているのは、簡単に言うと、収益をどのタイミングで、何円計上するかというルールです。

実現主義では収益を計上するタイミングとして、検収基準などが用いられてきましたが、**新収益認識基準では「履行義務の充足」という考え方をします**。履行義務とは、商品やサービスを提供する義務のことで、充足とはその義務を果たすこと、義務を果たす契約が履行されたことです。

新収益認識基準には、収益認識の5ステップとい

うものが定められているので、それに沿って説明しましょう。

まず**ステップ①**では、契約に含まれる商品やサービスの内容を把握します。たとえば、商品と、その商品の2年間の保守・点検サービスという具合です。

次に**ステップ②**では、商品やサービスの内容を、履行義務として把握します。

商品の提供がひとつの履行義務、保守・点検サー

収益を認識する新しい5ステップ

ステップ①

顧客との契約を識別する

↓ 契約に含まれている商品やサービスの内容を把握する

ステップ②

契約の履行義務を識別する

↓ 契約の履行義務を把握する（複数の場合は複数）

ステップ③

取引価格を算定する

↓ 契約の取引価格を把握する

ステップ④

取引価格を履行義務に配分する

↓ 履行義務ごとに取引価格を配分する

ステップ⑤

履行義務を充足した時点で収益を認識する

履行義務を充足、または充足するにつれて収益を認識する

「履行義務」の考え方が新基準のポイント。セット販売では商品やサービスごとに分ける

ビスの提供がもうひとつの履行義務で、計２つの履行義務があると把握するわけです。

ステップ③では、商品と保守・点検サービスがセットで25万円というように、取引価格を把握します。

問題は**ステップ④**、取引価格の配分です。取引価格を履行義務ごとに配分しますが、その際、セット販売などでは、単独で販売した場合の価格（独立販売価格）を基準にします。

この計算には、決まった計算式もありますが、ここでは考え方を説明します。

たとえば、単独では商品が15万円、保守・点検サービスも15万円、セットで値引きして25万円の場合、独立販売価格の比は1対1です。

そこで、２つの履行義務の取引価格は左の図上のように、それぞれ12・５万円になります。

２つの履行義務のうち、商品は引き渡してセット価格分を受け取った時点で充足されたと考えられるので、**ステップ⑤**収益の認識ができます。

しかし、保守・点検サービスのほうは2年間続くので、2年、または24カ月に分けて収益を認識することになります。

■ポイント・サービスの処理も定めている

新基準においては、近年では当たり前になってきたポイント・サービスの収益認識についても定めています。従来との大きな違いは、ポイントの付与ではなく、使われたタイミングで、収益として認識する点です。

また、収益として認識するためには、商品とポイントの取引価格に配分しなければなりませんが、これはセット販売と同様に考えます。

つまり商品とポイントを合わせて1万１０００円のところを、値引きして1万円にしていると考えるので、独立販売価格を基準にすると左の図下のようになります。ポイントが使われたタイミングで、ポイントの収益９１０円が認識されるわけです。

取引価格の算定、履行義務への配分の考え方

セット販売の場合

独立販売価格 15万円　　　　独立販売価格 15万円

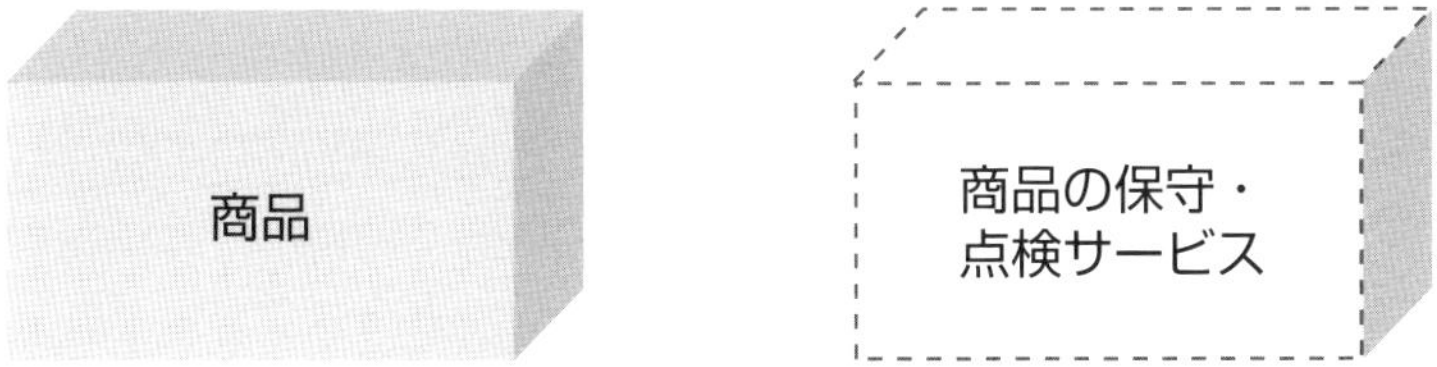

セット価格 25万円
独立販売価格は1：1だから

取引価格 12.5万円　　**取引価格 12.5万円**

独立販売価格の比で取引価格を配分する

ポイント付与の場合

独立販売価格 1万円　　　　独立販売価格 1000円

商品とポイントの価格 1万円
独立販売価格は10：1だから

取引価格 9090円　　**取引価格 910円**

ポイントの取引価格は910円になり、使われた時点で収益になる

Column

IAS（国際会計基準）と IFRS（国際財務報告基準）

本文でも少し触れましたが（→P150）、日本の会社が採用できる会計基準のひとつにIFRSがあります。IFRS（イファース）は、直訳すれば「国際財務報告基準」であるのに、日本語で「国際会計基準」と言われることもしばしばです。

それは、IFRSの前身として国際会計基準が設定されていたためですが、少し混乱するかもしれません。

IFRSについては、第７章でも取り上げるので、ここで簡単に整理しておきましょう。

国際的な会計基準の設定は、1973年の国際会計基準委員会（IASC＝International Accounting Standards Committee）の発足に始まります。IASCは発足してすぐに、国際会計基準（ＩＡＳ＝International Accounting Standards）の設定に着手します。

幾度かの改訂を経て2001年、IASCはより強固な組織をめざして改組しました。それが、国際会計基準審議会（IASB＝International Accounting Standards Board）です。

そして以後、現在に至るまで設定と改訂が進められているのが国際財務報告基準（IFRS＝International Financial Reporting Standards）というわけです。

ちなみに、日本の企業会計基準委員会（→P148）は、英語ではASBJ＝Accounting Standards Board of Japanと言います。

第6章

「管理会計」は会社内部で役立てる会計

原価管理、資金繰り管理、予算実績管理、
経営分析、損益分岐点分析など、
「経営管理」に役立てる会計のしくみを見ておこう。

1

義務でない「月次決算」を行なうのはなぜか？

管理会計は経営者の経営判断のサポートを目的とする

■経営者のスピーディな経営判断を可能にする

前章までは、主に財務会計のルールについて見てきました。この章では、財務会計と並ぶ会計の2大分野である「管理会計」を見ていきます。

管理会計の手法のひとつに「月次決算」というものがあります。会社が、経営管理のために毎月、行なう決算です。

第1章で見たように、管理会計は会社の任意ですから（→P39）、月次決算もまた、行なうかどうかは会社の自由になります。

決算と言えば、経理の部門にとっては、1年度を締めくくる最大の業務です。それをわざわざ、毎月行なうのはなぜでしょうか。

第1章で触れたように、会計には大きく分けて3つの目的があります。①決算書の作成・開示、②経営判断のサポート、③税金の計算、の3つです。

管理会計はこのうち、経営判断のサポートを目的にしています。ですから、月次決算を行なう目的もまた、経営者に最新の情報を、スピーディに提供することです。

経済情勢が目まぐるしく変化する現代、1年間を単位にした財務諸表をもとに、経営判断をしていたのではとても追いつきません。

経営者が月次の情報を手にしてこそ、正しい経営判断がスピーディにできるというものです。

78 「月次決算」を行なう目的とは?

簡略化した決算を月次で行なう

↓

最新の情報をスピーディに提供する

↓

スピーディな経営判断が可能になる

スピードを優先するため概算でも可。
形式も自由な経営資料を作ればよい

簡略化した月次決算の目的はスピーディな経営判断のサポート

■月次決算はどのように行なわれるか?

月次決算は、スピーディな情報提供を最優先にするため、多くは、年次の決算を簡略化した形式で行なわれます。

外部に報告する必要がないため、自社の必要に応じて自由に経営資料を作成することが可能です。たとえば、数字は概算でよく、1000円単位でもかまいません。

財務会計のルールにしばられることのない、管理会計ならではの自由度と言えるでしょう。

また、それによって、遅くとも翌月の中旬という、スピーディな情報提供も可能になります。

一方、月次決算を年次の決算に近い形で行なうこともできます。年次決算と同様に決算整理(→P53)の作業なども行なう月次決算です。

その場合は、月次決算が年次決算の準備、前倒しという性格を持ちます。年次決算の期間短縮や、作業の軽減ができるのがメリットです。

2 「予実管理」も会計の仕事のうちだろうか?

予算実績管理は管理会計の分野のひとつ

■予算の計画、実績の把握、改善を行なう

「予実管理」とは、予算実績管理の略です。予算の計画や、実績の把握、改善など、予算に関する管理の活動を言います。

予算の計画や実績の把握と聞くと、経営者や管理部門の仕事に思えますが、会計の仕事のうちなのでしょうか。

予実管理は、管理会計の分野のひとつとされています（↓P38）。その意味では会計の仕事です。

「予算管理」という用語もあり、厳密には少しニュアンスの異なるものですが、実際には2つの用語はあまり区別せずに使われています。

予実管理を行なうと、予算に対してどの程度の実績を上げているかがわかり、実績が予算どおりに推移していないときは、年度の途中でも対策を講じることができます。

実績が予算どおりか、予算を上回る場合でも、要因を分析して他の事業の予実管理や、次期以降の予実管理に活かすことが可能です。

■予実管理の3段階のプロセス

予実管理は、大きく分けて3段階のプロセスで行ないます。

①予算目標を設定する

努力すれば実現可能というレベルの、適切な予算目標を設定します。

「予実管理」は大きく3段階のプロセスで行なう

（期首）　**①予算の目標を設定する**

↓　努力すれば実現可能な、適切な目標を設定する

（期中）　**②月次決算を行なう**

↓　月次決算を行なって予算に対する実績を集計する

（期中）　**③対策を検討して実行する**

実績が予算どおりに推移していない場合、
対策を検討する

目標設定の際に「KPI」を
設定しておくと対策検討の役に立つ

目標どおりに推移した場合も、今後の予実管理に活かせる

努力しないでも実現可能なレベルでは、予実管理を行なう意味がありません。逆に実現不可能な目標では、現場のモチベーションが下がります。

②月次決算を行なう

予算目標を決めた年度中は、実績の把握をしなければなりません。そのためには、月次決算が最適です。予算に対する実績の正確な集計を行ないます。

③対策を検討し実行する

予算と実績を比較し、予算どおりに推移していないときは対策を検討します。

対策を検討するためには、目標設定の際に「ＫＰＩ」を設定しておくと役に立ちます。キー・パフォーマンス・インジケーターの略で「重要業績評価指標」の意味です。

たとえば、店舗で売上高を目標にした場合、ＫＰＩを来客数と客単価に設定しておくと、どちらが目標に達していないために、実績が目標に達しないかがわかり、対策が立てやすくなります。

3 借入れだけが「資金繰り」ではない

資金繰り表を作成して「資金繰り管理」を行なう

■重要なのは予定の「資金繰り表」

3番目の管理会計は「資金繰り管理」です。資金繰り管理とは、「資金繰り表」を作成して運用し、資金繰りを管理することです。

資金繰り表には大きく分けて、過去の資金繰りの実績を記録した実績資金繰り表と、予定のものがあります。普通に資金繰り表と言ったときは、予定の資金繰り表のことです。

実績資金繰り表では過去、どのような資金の使い方をしたか、足りないときにどこから調達したかなどがわかります。

もちろん、そうした実績を知ることも大切で、今後の資金繰りの参考にもなりますが、もっと重要なのは先々の資金繰りがどうなるか、予定を知ることです。

もし、近い将来に資金が不足するとして、それを知らなければ最悪、黒字倒産になってしまいます。

資金繰り予定表の作成によってそれがわかれば、あらかじめ、その事態に対処するための対策もできます。

■資金繰り表とはどういうものか?

資金繰り管理は管理会計のひとつなので、資金繰り表には財務諸表のような、法令や会計のルールによる定めはありません。

ですから、会社の状況に合わせて自由に作ることができますが、一般的には左のような形になっています。多数の項目が並んでいますが、基本は、収入から支出を引いて差額を計算する形です。

ここに、予定されている収入を期間ごとに記入し、同様に予定されている支出を記入します。

その差額を計算して、差額がプラスならその期間の資金は足りている、マイナスなら資金が不足するとわかるわけです。

「資金繰り表」とはこういうもの

前月繰越			4月	5月	
経常収支	経常収入	現金売上			
		売掛金回収			
		手形期日落			
		受取利息・配当金			
		雑収入			
		その他の収入			
	経常収入合計				
	経常支出	現金仕入			
		買掛金支払			
		手形決済			
		人件費支払			
		その他の経費支払			
		支払利息等・税金等支払			
	経常支出合計				
差引経常収支差額					
設備等	収入	設備売却収入			
	支出	設備購入支出			
差引設備等収支差額					
財務収支	収入	借入金収入			
		手形売却収入			
	支出	借入金返済			
差引財務収支差額					
差引総合収支差額					
次月繰越					

上から順に、予定されている収入・支出・差額の順番で、月ごとに記入していく

前ページの資金繰り予定表の例では、期間は月単位になっています。

これは、1年先までの中期的な資金繰りを見るためのものですが、同時に、直近3カ月くらいの短期的なものを作成することも一般的です。

その場合、必要に応じて期間の区切りを短くすることもあります。つまり、10日単位、5日単位で、資金の過不足を見ることのできる資金繰り表を作成するわけです。

さらに資金繰りが差し迫った場合には、1日単位すなわち「日繰り」の資金繰り表を作成することもあります。

■外部からの借入れだけが資金調達ではない

一般的に資金繰りと言うと、資金繰り＝資金の調達＝金策《きんさく》のイメージがあるかもしれません。

たしかに、資金が不足すればどこかから調達しなければならず、そのために金策が必要になることもあるでしょう。

しかし、本来の資金繰りは、金策に至るはるか前に始まっているものです。

金策に至る前に、資金繰り予定表で先々の資金の状態をつかみ、いつ、どれだけの資金が足りなくなるのかを把握しなければなりません。そうすれば、金策以外の対策を講じることもできます。

資金が不足するとわかった場合でも、外部からの借入れだけが資金調達の方法ではありません。資金の調達には外部調達と内部調達があります。

外部調達は、金融機関や投資家など、会社の外部から資金を調達する方法です。

上場会社などでは、増資（新株の発行）や、社債の発行なども、資金調達の方法として考えられます。非上場の会社などでは、一般的なのは金融機関からの融資、すなわち借入れを起こすことでしょう。

しかし、借入れは会社の金利負担を増やし、徐々に財務体質を悪化させるものですから、できればと

58 資金調達には「外部調達」と「内部調達」がある

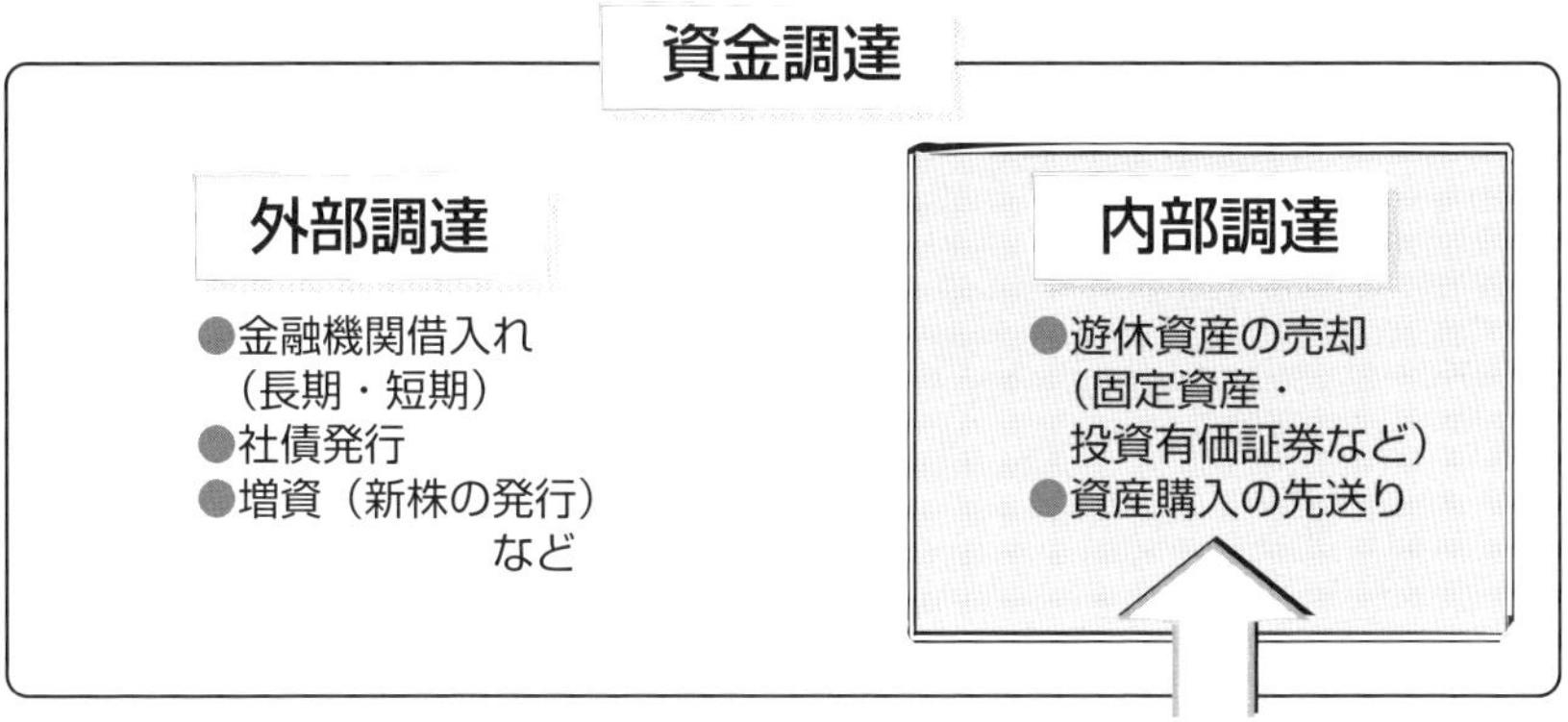

まず内部調達から検討する

借入れは会社の財務体質を悪化させるので避けたい

りたくない資金調達の方法です。

そこで、資金調達の方法としてまず検討したいのが、会社の中から内部調達をすることです。

内部調達の方法としては、第1に遊休固定資産の売却、現金化があります。しかし、固定資産の売却と言っても、短期間で売却先が見つかるとは限りません。

そこで、ここでも重要になるのが資金繰り表です。たとえば、半年先に資金が不足すると判明したら、ただちに売却先探しに入るような対策がとれます。

また、その期間に自社で設備購入などの予定があったら、購入を先送りすることでも、資金調達と同じ効果があります。

固定資産だけでなく、保有する投資有価証券の売却、寝かせたままになっている貸付金・出資金なども、回収して現金化することが可能な内部調達の手段です。

4 原価管理を可能にする原価計算の方法とは？

「標準原価」を定めて実際の原価と比較・分析する原価計算がある

■原価管理のための「標準原価計算」

管理会計の第4は「原価管理」です。

原価管理というと、漠然と〝コスト削減に努めましょう〟と呼びかけるような、あいまいな感じがしますが、きちんとした原価管理の手法があります。

製造業の製造原価を計算する「原価計算」のひとつの分野に「標準原価計算」というものがありますが、この標準原価計算の目的は、ひと言で言うと「原価管理」です。

標準原価計算では、「標準原価」こそが「真実の原価」であるとします。実際に発生した原価は、あらかじめ定めた標準原価に、「原価差異」がプラスマイナスされたものです。

標準原価は、管理者が勝手に定めた理想的な目標ではなく、「現実的標準原価」または「正常原価」を用いるとされています。

現実的標準原価とは、条件がよければ達成できるであろう標準原価で、通常の程度の不良や空き時間などの余裕を含むものです。

また、正常原価は、過去の実際の数値の統計をとって、将来的な傾向も加味した、正常な状態での原価を言います。

■標準原価計算の基本的な流れは？

標準原価計算は、以上のような基本的な考え方をもとに、左の図のような流れで行ないます。

まず行なうのが、右で説明したような標準原価の

78 「標準原価計算」はこのような流れで行なう

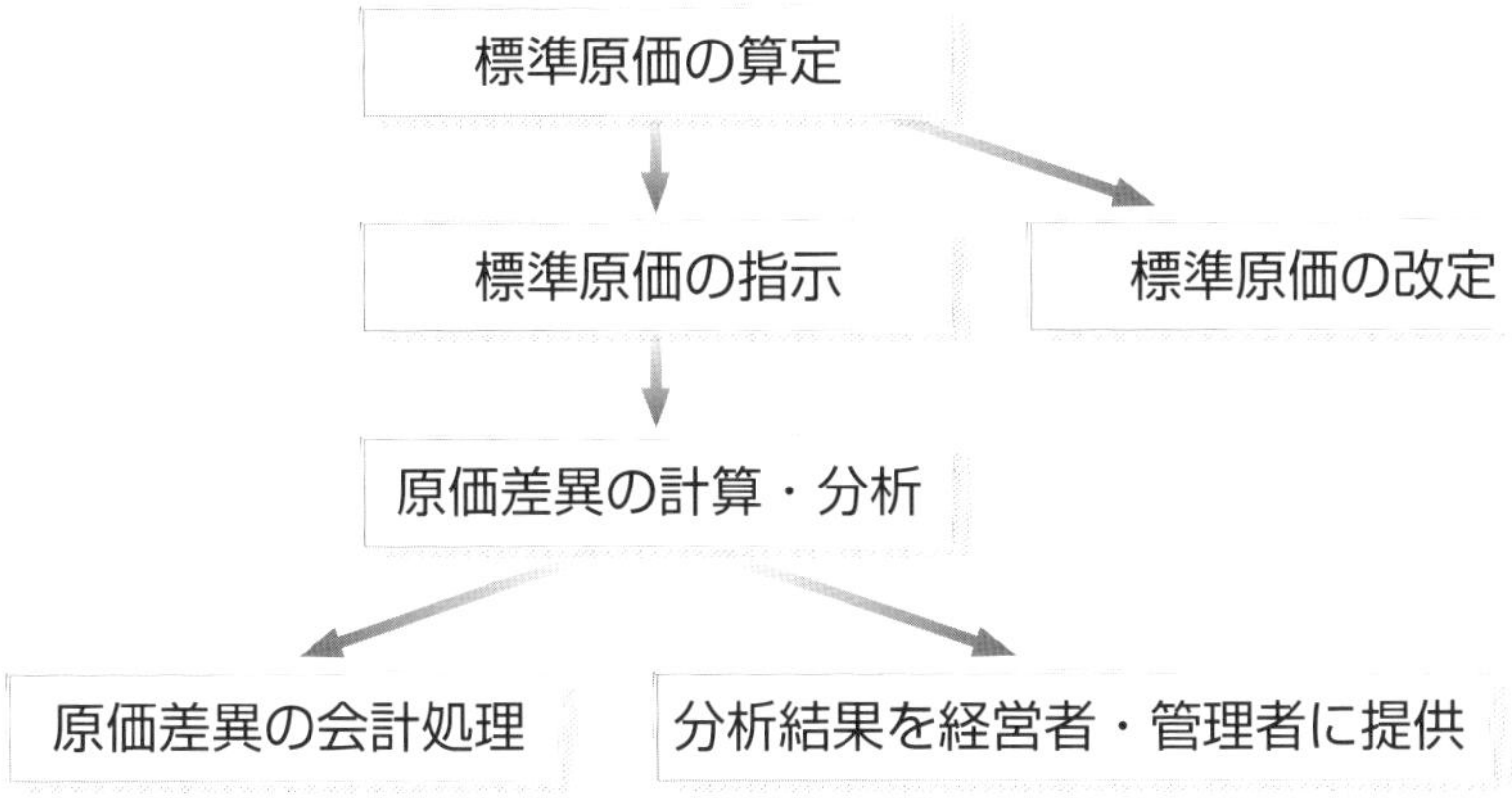

標準原価はすべての最初に算定（設定）する

算定です。ただし、一度定めた標準原価も、条件や価格に変動があれば改定を行ないます。

次に、算定した標準原価を文書で各部署に指示します。この指示文書は、標準原価計算のための記録にもなるものです。

ここからが、標準原価計算の中心です。**標準原価と、実際に発生した原価とを比較して、その差額を計算・記録し、分析**します。この差額が、原価差異です。「標準差異」とも言います。

原価差異を計算・分析するのは、標準原価計算の結果を財務会計に引き継いで、会計処理を行ない、財務諸表の作成につなげるためです。

しかし同時に、分析結果は経営者や、各部門の管理者にも提供されます。そして、会社全体や、各部門の原価管理に役立ててもらうわけです。

このように、原価管理を、しくみとして作り上げているのが標準原価計算の特徴です。

5 「経営分析」とはどのようなものか？

ＲＯＡとＲＯＥで会社の数字を分析してみると……

■「経営分析」は経営の数字を分析する

管理会計の中で大きな部分を占めるものに「経営分析」があります。

一般的に経営の分析というと、かなり幅広い内容を含みますが、経営分析が扱うのは中でも、財務諸表を中心とした会社の財務データ——すなわち客観的に数字であらわされる部分です。

数字であらわされる部分から、たとえば収益性（会社の「儲ける力」はどれくらいか）、安全性（取引をしても大丈夫な会社か）、生産性（経営資源がどれだけ有効に使われたか）などなどを測ります。

経営分析がどのようなものであるかを知るために、代表的な収益性の指標である「ＲＯＡ」と、「ＲＯＥ」を見てみましょう。

■ROAは「総資産利益率」

会社は、株主からの出資金など（純資産）や、借りたお金（負債）を元手に、商品やサービスを販売することで収益と利益を上げているものです。

ですから、より少ない元手で、より大きな収益と利益を上げると、その会社は「効率的な経営」をしていることになります。

では、どれくらい少ない元手で、どれくらい大きな利益を上げているか、その経営効率を見るのがＲＯＡ（総資産利益率）です。

貸借対照表の総資産（＝総資本）を分母にとり、

ROA、ROEの計算の仕方は？

総資本当期純利益率 ＝ 当期純利益／総資本 ×100

（当期純利益：損益計算書の当期純利益／総資本：貸借対照表の負債＋純資産）

ROAとも言う　※Return On Assetsの略。“資産からの利益”といった意味。

自己資本当期純利益率 ＝ 当期純利益／純資産 ×100

（当期純利益：損益計算書の当期純利益／純資産：貸借対照表の純資産）

ROEとも言う　※Return On Equityの略。“純資産からの利益”といった意味。

ROA、ROEは、代表的な収益性の指標

分子には損益計算書の利益のどれかをとります。株式に投資をする投資家などに、よく用いられるのは当期純利益です。

この場合、ROAは上の式のように「総資本当期純利益率」となります。

分母を、負債と純資産の合計である総資本としているのは、事業の元手と、その事業の成果である当期純利益を比べるという意味です。総資本は、総資産と同額になっています。

総資本当期純利益率は、数字が高いほど経営効率が良いことを示し、一般的に優良とされる目安は5％以上です。

■ROEは「自己資本当期純利益率」

ROAと似た指標に、ROE（自己資本当期純利益率）があります。自己資本とは、厳密に言えば純資産そのものではありませんが、一般的な会社では純資産の金額として差し支えありません。

ROAとROEはどちらも、資本と利益の比率を

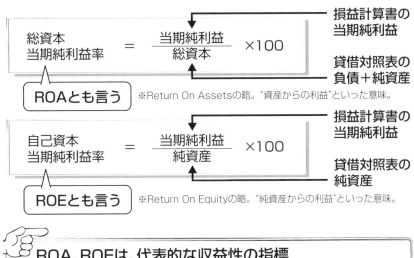

計算する「資本利益率」ですが、ＲＯＥでは自分の出した元手（自己資本＝純資産）で、最終的な利益（当期純利益）をどれだけ上げたかを測ります。

ＲＯＡに比べて、よりシビアと言えるでしょう。通常、3％くらいあれば合格点です。

■総資本経常利益率を分解してみる

ＲＯＡは、分子に経常利益をとることもできます。その場合は、「総資本経常利益率」です。

計算に用いる総資本は会社のすべての元手、経常利益は通常の状態での利益ですから、総資本経常利益率は、会社がすべての元手を使って、どれだけの経常利益を上げているか、総合的な経営効率を示す指標です。

多くの設備が必要な製造業、大きな流通コストがかかる卸売業などは、5％が目安です。しかし、小売業では平均値を見ても10％くらい、とくに無店舗販売などの小売業では15％以上が目安になります。

ＲＯＡ（総資本経常利益率）が良かった場合も、悪かった場合も、なぜ良かったか、どうすれば改善するかをチェックする必要があります。

そこで、ＲＯＡを求める式の分母と分子に、「売上高」を掛けて分解してみたのが左の図です。すると、ＲＯＡは「売上高経常利益率」と「総資本回転率」になります。総資本回転率とは、1年間で総資本が何回回転したか、すなわち「1年間で総資本の何倍の売上を上げたか」という指標です。

図を見るとわかるように、総資本経常利益率（ＲＯＡ）を高めるには、売上高経常利益率を高めるか、総資本回転率を高めるか、ということになります。

両方を高められれば、それに越したことはありませんが、これはなかなかむずかしいことです。

たとえば、売上高経常利益率を高めるために設備投資をしたとすると、設備投資で総資本が増加し、総資本利益率が悪くなるかもしれません。

また、たとえば薄利多売のディスカウント・

ショップなどでは、売上高を上げると総資本回転率が上がりますが、売上高が増えるので売上高経常利益率は下がります。逆に、高級ブランド商品を扱っている店などでは総資本回転率が低くても、売上高経常利益率は高いものです。

　このように、両方とも上げることは簡単ではありません。**経営分析は、このように経営効率を上げる方法までも教えてくれる**ものです。

ROAを２つの指標に分解してみる

$$\text{総資本経常利益率} = \frac{\text{経常利益}}{\text{総資本}} \times 100$$

分母と分子に「売上高」を掛ける

$$\frac{\text{経常利益} \times \text{売上高}}{\text{総資本} \times \text{売上高}}$$

２つの式に分解する

$$\frac{\text{経常利益}}{\text{売上高}} \times \frac{\text{売上高}}{\text{総資本}}$$

売上高経常利益率 × **総資本回転率**

= **総資本経常利益率**

総資本経常利益率を高めるには
売上高経常利益率を高めるか、
総資本回転率を高めれば良いということ

**経営分析からは指標の数値だけでなく
改善の方法などもわかる**

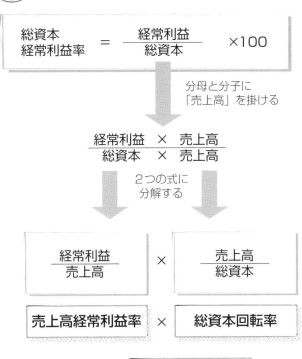

6 「損益分岐点分析」から何がわかるだろう

複雑な売上高と費用、利益の関係がすっきりわかる

■費用には「変動費」と「固定費」がある

経営分析は、管理会計の中で大きな部分を占めるものですが、その経営分析の一大ジャンルと言えるのが「損益分岐点分析」です。

費用・売上高・利益の関係を分析するので、C（コスト＝費用）、V（ボリューム＝販売量＝売上高）、P（プロフィット＝利益）の頭文字をとって、「CVP分析」とも呼ばれます。

損益分岐点分析の考え方は、費用に「変動費」と「固定費」があることを前提にしています。

変動費とは、生産量などに応じて変動する費用、固定費は生産量などが変動しても変動しない、固定されている費用です。

費用に変動費と固定費があることの端的な例として、大量生産や大量販売で商品の価格が安くなることがあげられます。

たとえば同じ缶飲料でも、1本買うより〝箱買い〟をすると、格段に値段が安くなるものです。お店は、大量販売をすると販売コストが下げられるので、安く売ることができます。

また、メーカーも、大量生産をすると生産コストが下げられるので、より安く、お店に卸すことが可能です。いわゆる「スケール・メリット」が働くわけです。

では、なぜ大量生産・大量販売ではコストが下がるのでしょうか。それこそ、費用に変動費と固定費

「変動費」「固定費」とは？

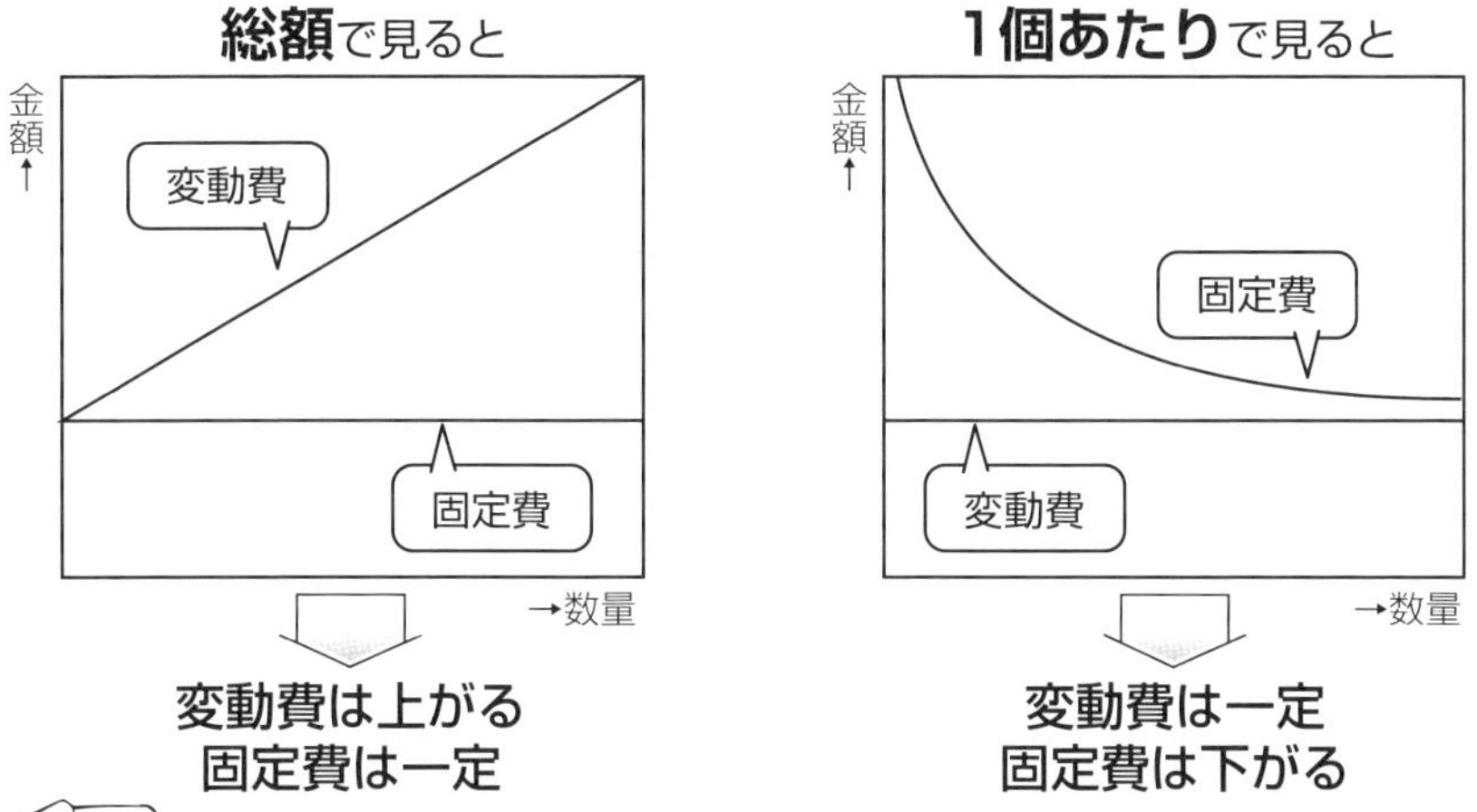

1個あたりで見ると、固定費は数量が増えるほど下がる

があることの証拠になります。

上のグラフ左側のように、生産コストや販売コストを総額で見ると、固定費は変動しないので一定です。一方、変動費のほうは、生産量や販売量に応じて変動するので、量が増えるほど増えます。

しかし、これを1個あたりで見ると関係が逆転します。変動費のほうは、上のグラフ右のように1個あたりで見ると一定ですが、固定費は数量が増えるほど急激に下がります。

結果、1個あたりのコストのトータルでは、数量が多いほどコストが下がるわけです。

これが、費用に変動費と固定費があることにより、スケール・メリットでコストが下がるしくみです。

■「損益分岐点図表」を見てみよう

費用の中に固定費があることにより、費用と売上高、それに利益の関係は、少し複雑なものになります。変動費は売上高に比例して増減しますが、費用のトータルは比例して変動しないからです。

費用が売上高に比例して増減しないということは、利益も比例して増減しないことを示します。

この関係を明らかにするのが、損益分岐点分析というわけです。

損益分岐点分析の考え方は、「損益分岐点図表」というグラフを見るとわかりやすいでしょう。**損益分岐点図表は、1個あたりでなく、売上高や費用などを総額で見るグラフ**です。

左の図のように、まず横軸に売上高をとり、縦軸には利益・費用をとります。

すると、固定費は一定ですから、水平で変動しない固定費線です。一方、変動費のほうは、売上高に比例して一定の角度で伸びる変動費線になります。

変動費線は、固定費線の上に乗せると、トータルの費用をあらわす総費用線になります。

このグラフに、右上に向けて伸びる対角線を引いて、売上高線とすると、総費用線との交点があらわれます。これが、名前の由来になっている「損益分岐点」です。

■図表で見る売上高・費用・利益の関係は？

この損益分岐点図表を見ると、売上高と費用、利益の関係がよくわかります。

事業が始まった当初、売上高がまだ小さいときは、まだ固定費も回収できない大赤字です。

売上高が次第に伸びていくと、固定費線を超えて、固定費は回収できるようになります。しかし、まだ変動費までは回収できず、赤字です。

さらに売上高が伸びると、やがて総費用線と売上高が交差します。この交点が損益分岐点、すなわち損失も出ない代わり利益も出ない、損益ゼロの売上高と総費用です。

損益分岐点を超えると利益が出始め、売上高が増えるのに従って、利益も大きくなっていきます。

このグラフに目盛りを付けて、正確に描くと、損益分岐点図表から売上高や費用の金額を読み取ることもできます。

グラフの損益分岐点から垂直に線を下ろし、横軸にぶつかったところの目盛りを読むと、それが「損益分岐点売上高」です。

また、グラフの下の計算式によって、損益分岐点売上高を求めることもできます。

さらに、固定費に目標利益を加えて、目標利益を上げる目標売上高を求めるようなこともできます。

「損益分岐点図表」を見てみると

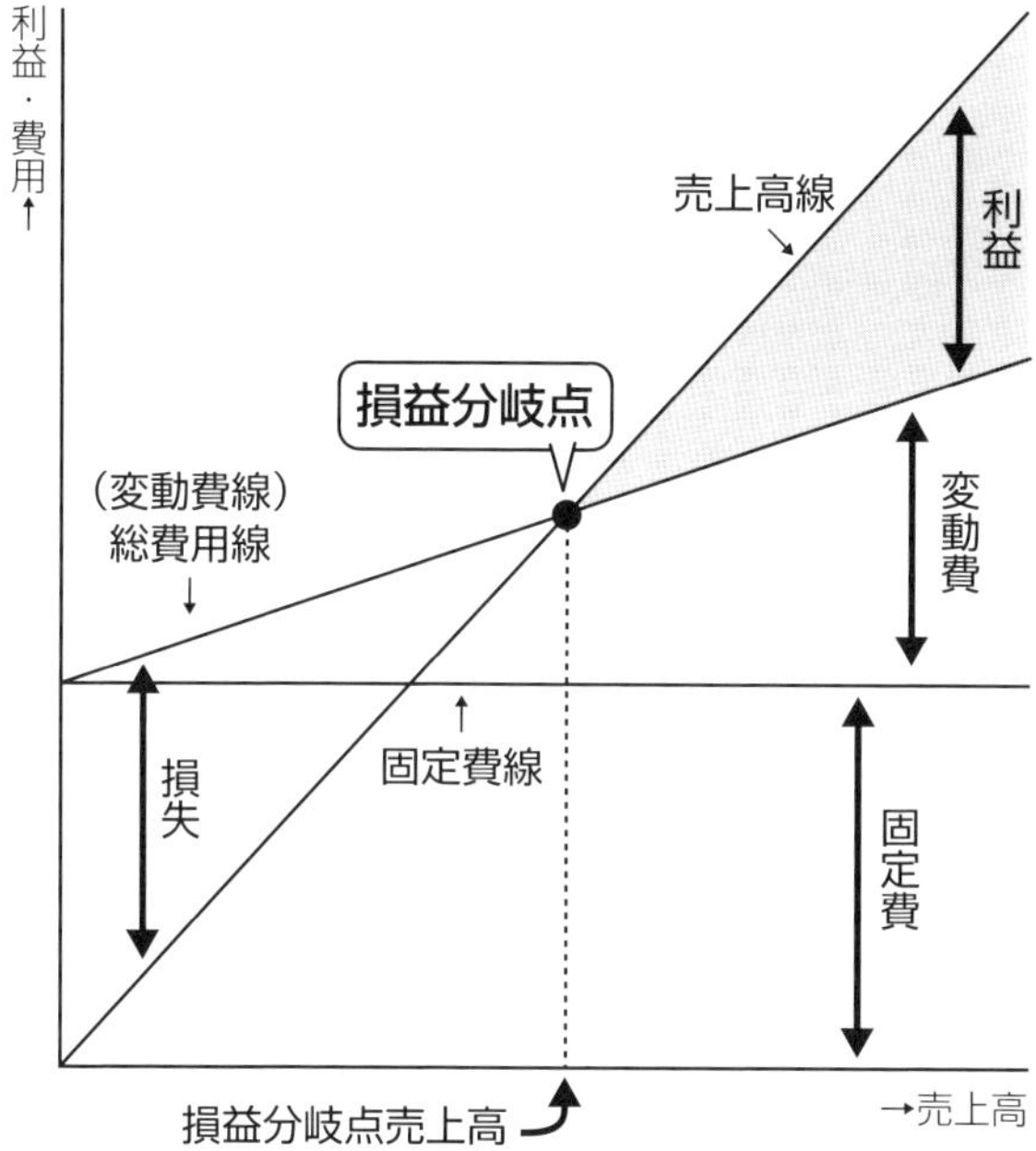

$$\text{損益分岐点売上高} = \frac{\text{固定費}}{1-\dfrac{\text{変動費}}{\text{売上高}}}$$

$$\text{目標売上高} = \frac{\text{固定費}+\text{目標利益}}{1-\dfrac{\text{変動費}}{\text{売上高}}}$$

損益分岐点売上高は式でも計算できる。応用して、目標売上高の計算などもできる

7 損益分岐点から「利益が出やすい会社」を見てみる

損益分岐点売上高が低いほど利益が出やすい、儲かりやすい

■「損益分岐点操業度」を計算してみる

損益分岐点分析の活かし方としては、「損益分岐点操業度」を計算する方法があります。損益分岐点操業度とは、左の図上のように、損益分岐点売上高を実際の売上高で割った比率です。

損益分岐点操業度は低いほど良い比率で、黒字企業は１００％未満になります。１００％を超えるのは、赤字企業です。

たとえば、損益分岐点操業度が97％だと、現在は黒字ですが、売上高が３％下がると赤字に転落することを意味します。

また、損益分岐点操業が１０２％の場合は、現在は赤字だが、売上高を２％増やすことができれば黒字に転換する、というような使い方ができます。

■損益分岐点が低いほど良い理由

損益分岐点操業度からわかることは、損益分岐点売上高が低いほうが赤字になりにくいということです。この関係は、損益分岐点図表で見たほうがわかりやすいでしょう。

左の図下は、前項の図表より損益分岐点売上高が低い会社のものです。仮に、前ページのグラフと同じ売上高だったとすると、損益分岐点売上高を超えて、利益が出ていることがわかります。

つまり、損益分岐点売上高が低いほど、利益が出やすい会社、儲かりやすい会社です。

損益分岐点分析の活かし方

① **損益分岐点操業度** を計算する

$$\text{損益分岐点操業度}=\frac{\text{損益分岐点売上高}}{\text{実際の売上高}}$$

損益分岐点操業度は低いほど良い

② **損益分岐点売上高** を低くする

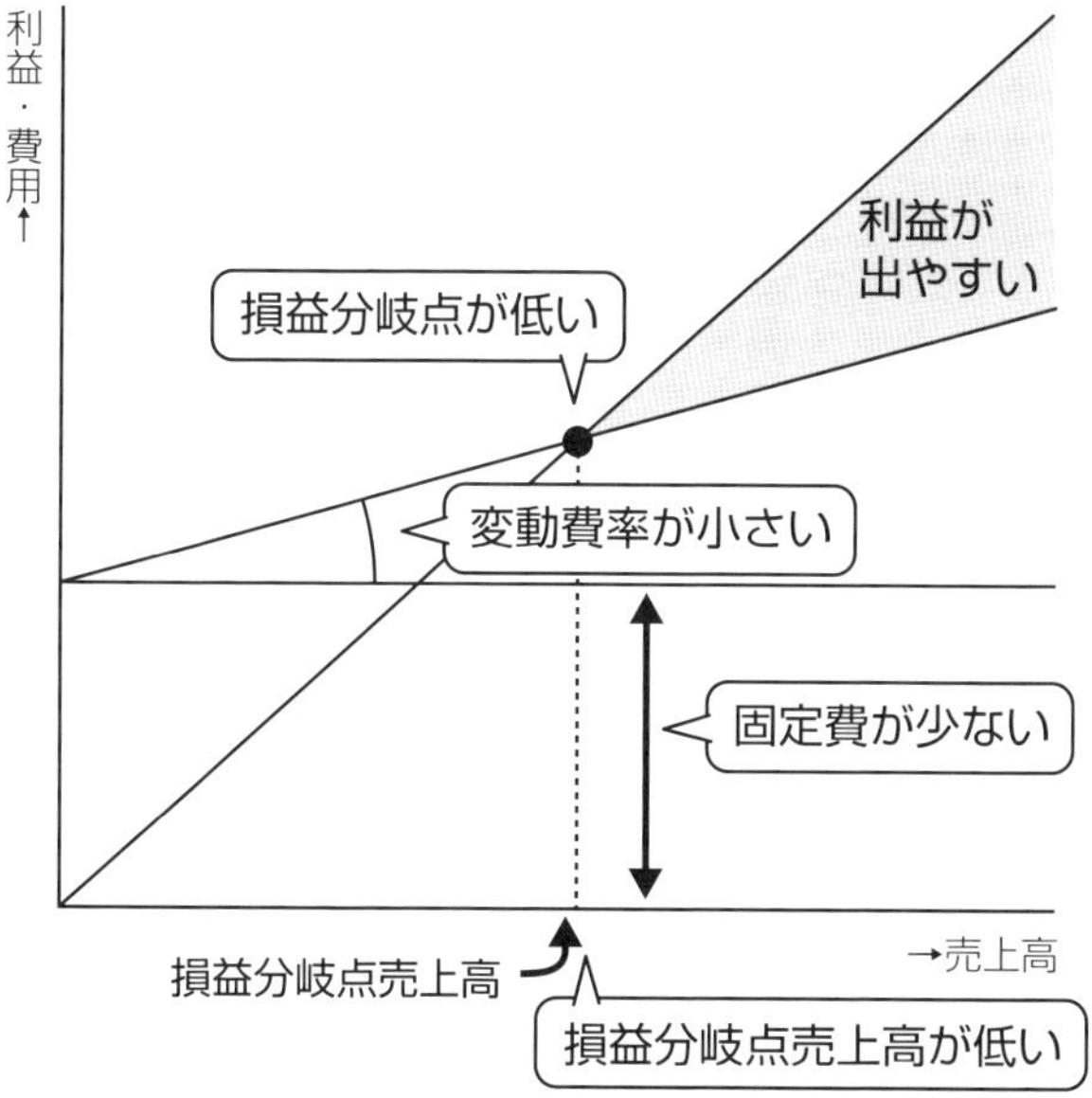

損益分岐点が低いほど利益が出やすい会社

では、損益分岐点売上高を低くするには、どうしたら良いでしょうか。

左のグラフを見ると、固定費線の高さが低いことと、変動費線の角度（変動費率）が小さく、緩やかな点が違いです。

これが、損益分岐点売上高を下げるポイントになります。つまり、**固定費を減らし、製造原価を見直して変動費率を下げることが、利益が出やすい会社、儲かりやすい会社にする方法です。**

8 目標売上高も目標利益も計算できる「限界利益」とは?

限界利益は売上高の増減に比例して増減する利益

■「限界利益」とは何か?

財務会計の損益計算書などでは、利益は売上高から費用を引いて求めるのが基本です。つまり、「売上高－費用＝利益」となります。

しかし、損益分岐点分析では費用を変動費と固定費に分けることが基本です。これを「固変分解」と言います。

固変分解をした場合、先の式は「売上高－（変動費＋固定費）＝利益」、つまり「売上高－変動費－固定費＝利益」とすることが可能です（左図参照）。

なぜ、こんなややこしい話をしているかというと、「限界利益」というものを説明したいからです。先の式を移項すると、「売上高－変動費＝固定費＋利益」になります。この左右の項目が限界利益です。

要するに、「売上高－変動費＝限界利益」「固定費＋利益＝限界利益」ということになります。

■「目標利益を上げるための売上高」がわかる

限界利益は、売上高の増減に比例して増減する利益です。なぜかというと、左側の「売上高－変動費」は、変動費が売上高の増減に比例して変動するからです。

左側が売上高の増減に比例して増減するなら、イコールでつながれた右側も、売上高の増減に比例して増減します。

限界利益は売上高の変動に比例して増減する――

「限界利益」とはどういうものか?

損益計算書の計算

売上高 − 費用 ＝ 利益

固変分解の計算

売上高 − 変動費 ＋ 固定費 ＝ 利益

売上高 − 変動費 − 固定費 ＝ 利益

売上高 − 変動費 ＝ 固定費 ＋ 利益

限界利益　　**限界利益**

限界利益は、売上高の増減に
比例して増減する

限界利益を覚えておくだけで
売上高や利益のいろいろな計算が簡単にできる

このことを覚えておくだけで、目標利益や目標売上高など、いろいろな計算が、簡単にできるようになります。

たとえば、左図のような例で「目標利益を◯◯に上げるための売上高」を計算してみましょう。

利益を25にするということは、固定費の30と合わせて、限界利益を55にするということです。もとの限界利益50の１・１倍になっています。

ここで、限界利益は売上高の増減に比例して増減することを利用すると、限界利益が１・１倍に増加しているなら、売上高も１・１倍の１１０に増加することになります。

目標利益25にするための売上高は、１１０です。

■「売上高が◯倍になったときの利益」がわかる

もうひとつ、例をあげましょう。「売上高が◯倍になった場合の利益」を計算してみます。

先の式を変形したものが、左の図の「利益＝限界利益－固定費」です。

限界利益は売上高の増減に比例するので、例のように売上高が2倍になると、限界利益も2倍の１００になります。

式のように、利益は限界利益から固定費を引いたものなので、１００から30を引いて利益は70です。

■「利益を◯◯に上げるための固定費」がわかる

さらに式を変形すると、「固定費＝限界利益－利益」になります。この式は、「目標とする利益を上げるための固定費」を示すものです。

限界利益は「売上高－変動費」ですが、売上高も変動費も、思うようには増減できないものです。つまり、限界利益も簡単には増減できません。

限界利益と、目標とする利益が動かせないならば、固定費を抑えるしかないでしょう。

つまり、この式は、固定費の管理に利用できる式です。

図の例で、目標利益が25、限界利益が変えられないときは、固定費を25に抑えることでも目標利益が達成できることがわかります。

このように、限界利益を使うことで、様々な売上高や利益の計算ができます。

限界利益でいろいろな計算をしてみると

例

●売上高	100	●変動費	100
●限界利益	50	●固定費	30
●利益	20		

限界利益 ＝ 売上高 － 変動費

＝ 固定費 ＋ 利益

利益を25にする売上高はいくらか

限界利益 ＝ 固定費 ＋ 利益

? 30 25

売上高が2倍になったとき利益はいくらか

利益 ＝ 限界利益 － 固定費

? 100 30

利益を25にする固定費はいくらか

固定費 ＝ 限界利益 － 利益

? 50 25

利益を○○にする売上高、利益が○倍のときの売上高、利益を○○にする固定費などがわかる

9 会計のゴール、決算書からできる経営分析とは？

「収益性分析」「効率性分析」「安全性分析」などができる

■決算書の分析は外部の人でもできる

損益分岐点と限界利益の分析は、固変分解を前提とするので、会社外部の人は基本的にできません。あくまでも、管理会計のひとつです。

では、会社外部の人はその会社の経営分析ができないのでしょうか。

先に、収益性分析の例としてＲＯＡとＲＯＥを見ましたが、これらは会社外部の人でも、開示されている貸借対照表と損益計算書を入手するだけで、計算できる経営分析の指標です。

ここでは、その会社の決算書を入手するだけでできるものに限って、経営分析の指標を見てみましょう。まずは、収益性分析の続きです。

ＲＯＡとＲＯＥは、どれだけ少ない元手で、どれだけ大きな利益を上げたか、資本の効率を見る「資本利益率」でしたが、収益性は、どれだけの売上高でどれだけの利益を上げたか、「売上高利益率」でも測ることができます。

■利益のおおもと、「売上総利益率」を見る

損益計算書には5つの利益が表示されますが、最初の利益は売上総利益です。売上総利益（粗利益）は、会社の利益のおおもとです。これが小さいと、後の営業外損益や特別損益でいくらがんばっても、大きな当期純利益は出せません。

売上総利益は、売上高から売上原価を引いて計算

「収益性」の指標を見てみよう

●収益性の指標①

$$\text{売上総利益率} = \frac{\text{売上総利益}}{\text{売上高}} \times 100$$

●収益性の指標②

$$\text{売上高営業利益率} = \frac{\text{営業利益}}{\text{売上高}} \times 100$$

●収益性の指標③

$$\text{売上高経常利益率} = \frac{\text{経常利益}}{\text{売上高}} \times 100$$

収益性の指標は会社の「稼ぐ力」をあらわす

されます。この売上総利益が、売上高のどれくらいを占めるか、「売上総利益率」を見ることで、会社の基本的な収益力がわかります。

売上総利益率の数値は、高いほど良いことはもちろんですが、低いからダメな会社と、一概に決めつけることはできません。

たとえば販売業では、販売量が多いことがいちばんですから、多少、粗利益率を下げても販売量を確保しようとするものです。

一方、製造業では販売量よりも、できるだけ粗利益を確保しようとします。一般的には、20％から30％が目安でしょう。

また、自社の前年の実績や、業界平均との比較も大事です。売上総利益が前年実績や、業界平均を下回っているのは問題があります。

■本業の収益性を「売上高営業利益率」で見る

次に、営業利益に注目して「売上高営業利益率」

を見ると、本業の収益力がわかります。

売上高営業利益率も、高いほど良い指標です。売上高営業利益率が低いと、後は本業以外で利益を出すしかなくなります。最低でも、５％から10％は欲しいところです。

売上高営業利益率も、前年実績や業界平均との比較が大切になります。

■「売上高経常利益率」はとくに重要

売上高に対して、経常利益がどれくらいあるかを見ると、「売上高経常利益率」になります。ＲＯＥのところでも、紹介した指標です（→Ｐ188）。

経常利益は、本業の儲けをあらわす営業利益から、営業外損益をプラスマイナスして算出されています（→Ｐ68）。

営業外損益とは、有価証券売却益など本業以外の投資の収益や、支払利息などの財務費用のことです。ですから、収益性を見る際には、非常に重要な指標になります。５％が目安です。

見方としては、売上高営業利益率と比較する方法があります。売上高営業利益率より数値が上がっていれば、株式投資など本業以外に資金を注いでいるかもしれません。

逆に下がっていると、借入金が多く支払利息を多く支払っているなどの可能性もあります。

■「総資本回転率」で効率性分析ができる

ＲＯＥのところで、もうひとつ紹介した「総資本回転率」についても見ておきましょう。

総資本回転率は、「１年間で総資本の何倍の売上を上げたか」（→Ｐ188）を示すものですから、どれだけ資本を効率的に使っているか、「資本の効率」がわかります。「効率性分析」などと呼ばれる分野です。

たとえば、資本金２０００万円の会社が８０００万円売り上げた場合と、資本金４０００万円の会社

7-8 「効率性」「安全性」などの指標を見てみよう

●効率性の指標

$$総資本回転率 = \frac{売上高}{総資本}$$

●安全性の指標

$$自己資本比率 = \frac{自己資本}{総資本} \times 100$$

●支払能力の指標①

$$流動比率 = \frac{流動資産}{流動負債} \times 100$$

安全性分析のうちでも「支払能力」の指標はとくに重要

が同じ８０００万円を売り上げた場合、資本金２０００万円の会社のほうが効率的な経営をしていると言えます。

これを見るのが、総資本回転率というわけです。

回転率の単位は%でなく、回転数であらわします。たとえば総資本３０００万円で６０００万円の売上高を上げた場合は、「資本が2回転した」わけです。

したがって、回転数が多いほど総資本が効率的に使われていることになりますが、総資本回転率も業種によって平均が異なります。

一般的には、できれば2回転、3回転はめざしたいところです。また、前年度と比較して下がっていないかをチェックするのも意味があります。

■「自己資本比率」は安全性分析の指標

経営分析には、「安全性分析」と呼ばれる分野もあります。安全性分析の代表的な指標が、「自己資本比率」です。自己資本は自前の資本、この場合は貸借対照表の純資産のことを言います。自己資本比率は、総資本に占める自己資本の割合です。

自己資本に対して「他人資本」、すなわちよそから借りている負債を、自己資本でまかなうという意味では、自己資本1に対して負債1、つまり自己資本比率50％が理想です。

しかし、最低でも、負債の半分を自己資本でまかなうとすれば、30％あれば充分と言えます。

自己資本比率も業種によって異なり、製造業20％、卸売業30％、小売業40％が目安です。

■「流動比率」「当座比率」で支払能力を見る

安全性分析のうちでも、「支払能力」と呼ばれる分野はとくに重要です。要するに、負債のうち返済期限が到来した分を支払えるかを見るもので、代表的な指標に「流動比率」があります。

流動比率は、分母に流動負債、分子に流動資産をとります。つまり、**1年以内に支払わなければならない負債を、1年以内に現金化できる資産でまかなえているか**、ということです。

流動負債のほうが大きければ（比率が１００％を切れば）、資金繰りは苦しいことでしょう。

では、流動比率が１００％を超えていれば安心かというと、一概にそうとも言えません。流動資産の中には商品など、売れて初めて現金化する資産もあるからです（→P62）。

そこで、流動資産のうちでも、売掛金や受取手形など、より現金化しやすい資産に注目します。これらの資産は「当座資産」と呼ぶので、「当座比率」と呼ばれる指標です。

当座比率は、より厳しく見る指標ですから、最低でも90％は必要になります。95％あれば当面の支払いには困らず、１００％以上ならさらに安全です。

■「固定比率」などで長期的な支払能力を見る

流動比率と当座比率は、短期的な支払能力を見る

「支払能力」の指標を見てみよう（203ページの続き）

●支払能力の指標②

$$\text{当座比率} = \frac{\text{当座資産}}{\text{流動負債}} \times 100$$

●支払能力の指標③

$$\text{固定比率} = \frac{\text{固定資産＋繰延資産}}{\text{自己資本}} \times 100$$

●支払能力の指標④

$$\text{固定長期適合率} = \frac{\text{固定資産＋繰延資産}}{\text{自己資本＋固定負債}} \times 100$$

当座比率、固定長期適合率は、より厳しく見る指標

指標ですが、同じ考え方で長期的な支払能力を見ることもできます。

「固定比率」は、分母に自己資本（純資産）、分子に固定資産（繰延資産を含む→巻末）をとる指標です。

　機械や土地・建物などの固定資産は、長期間にわたって収益を生み出していくものですが、反面、長期間にわたって資本が〝固定〟し、現金化しません。そこで、固定資産をまかなう資本は、自己資本でまかないたいというのが、固定比率の考え方です。

　したがって、固定比率は１００％以下が理想ですが、せめて１２０％くらいには抑えたいものです。

　固定比率が１２０％を超えているような場合は、同じ考え方で「固定長期適合率」を見ます。自己資本の次に安定した資金である「固定負債」を、分母にプラスした指標です。

　固定長期適合率は、最低でも１００％以下である必要があります。

Column

「フリーキャッシュフロー」を見てみよう

キャッシュフロー計算書は、比較的新しい財務諸表ですが、分析の手法も開発されています。そのひとつが「フリーキャッシュフロー」です。

フリーキャッシュフローとは、簡単に言うと、会社が自由に使えるキャッシュの金額のことです。詳しい計算の方法は省略しますが、考え方を説明すると、営業活動によるキャッシュフローの額から、営業活動に必要な設備投資額を引きます。

これは、会社が営業活動を続けていくためには、必ず一定額の設備投資が必要だという考え方に基づいたものです。

フリーキャッシュフローがプラスだと、会社には営業活動を続けた上で、自由に使えるキャッシュがあることになります。この額が大きいほど余裕があり、将来性も高いということです。

投資家などからすれば、フリーキャッシュフローの大きい企業は魅力的なので、投資の指標としてもよく使われます。

ただし、フリーキャッシュフローがマイナスの会社は、絶対に将来性がないというわけではありません。たとえば、成長途上の会社では設備投資額が大きくなり、結果としてフリーキャッシュフローがマイナスになることがあります。この設備投資は、将来の成長のためのものですから、必要不可欠のものです。

第7章

決算書だけではない、いろいろな会計

企業会計だけでなく、
国や地方公共団体の「公会計」や
税務会計についても押さえておこう。

1

国や地方自治体には、また別の会計がある

「公会計」の原則は現金主義と単式簿記になっている

■公会計など様々な会計がある

ここまで、主に企業会計を中心に話を進めていましたが、日本の会計制度は企業会計だけに限るものではありません。

たとえば、国や地方公共団体は「公会計」と呼ばれる会計を採用しています（「官庁会計」とも言います）。

公会計は、企業会計とは大きく異なり、たとえば企業会計の原則が発生主義・複式簿記であるのに対し、公会計は現金主義・単式簿記です。

また、企業会計がひとつであるのに対し、公会計は「一般会計」と「特別会計」に分かれています。

特別会計とは、国や地方公共団体が特定の事業を行なう際に、一般の会計（歳入・歳出）とは別に、特定の予算を編成し、一般会計とは区別して会計処理されるものです。

国の予算編成がニュースなどになる際に、ときどき「特別会計」という用語が登場するので、気がついた方も多いでしょう。

このような公会計を始めとして、企業以外の様々な団体の会計がありますが、それらはほとんどの場合、強制力のない基準ではなく、法令で定められています。

たとえば、国の公会計を定めるのは「財政法」「会計法」「予算決算及び会計令」です。地方公共団体の会計は、「地方自治法」や条例、規則などで定

められています。

そのほか、学校法人や金融機関、独立行政法人や政党などの会計を定めているのも法令です。

企業会計については、主に3つの法律が定めていることはすでに説明しましたが（↓P86）、それも含めて、様々な団体の会計について定めた法令をあげると、左のようになります。

■企業会計と公会計の違いとは？

企業会計では、具体的な内容については会計基準が定め、法令が全体的に細かい内容まで定めることはありませんが、公会計などの場合は細部にまで法令の定めがあります。

先に、企業会計の発生主義・複式簿記と、公会計の現金主義・単式簿記の違いをあげましたが、企業会計と公会計の主な違いをまとめてみると、211ペー

会計を定める法令（例）

企業

- ▷ 金融商品取引法
- ▷ 会社法
- ▷ 税法

学校法人など

- ▷ 私立学校振興助成法
- ▷ 国立大学法人法

金融機関など

- ▷ 信用金庫法
- ▷ 保険業法
- ▷ 農林中央金庫法

地方公共団体など

- ▷ 地方自治法
- ▷ 独立行政法人通則
- ▷ 政党助成法
- ▷ 労働組合法

企業以外の会計は法令等で定められている

ジ上の表のとおりです。

　決算で作成する書類も、まったく異なることがわかります。

■新しい「地方公会計」が導入されている

　しかし、国や地方公共団体が用いる公会計には、大きなデメリットもあります。たとえば、現金主義のため、道路や建物などの固定資産を保有しても、その簿価などは不明瞭です。

　また、国債や地方債を発行して、負債を負っても、残高や増減などがわかりにくくなります。


　そこで、これらのデメリットを解消するために、２０１５年から17年の間に、地方公共団体の公会計を補完するものとして、新しい「地方公会計制度」が導入されています。

　そのポイントは、左の図下のとおりです。

　まず、従来の現金主義は継続しながら、それを補完するものとして、発生主義・複式簿記が導入されています。

　これにより、建物の減価償却など、現金主義では見えにくかったコストも、わかるようになったわけです。

　次に、固定資産台帳が整備され、地方公共団体が保有する学校の建物や土地、道路といった、固定資産の簿価がわかるようになりました。


　そして、それらの導入により、最も大きな違いであった決算書類も、企業会計と同様のものが作成されています。

　名称は異なるものがほとんどですが、行政コスト計算書は損益計算書に、純資産変動計算書は株主資本等変動計算書に、資金収支計算書はキャッシュフロー計算書にあたるものです。

　これらの**財務書類は、株主総会にあたる議会に提出され、一般にも開示されています。**

78 地方公会計には企業会計の考え方が取り入れられた

●「公会計」と企業会計の主な違い

	公会計	企業会計
報告の主体	首長	取締役
簿記の種類	単式簿記	複式簿記
認識の基準	現金主義	発生主義
決算書類	●歳入歳出決算書 ●歳入歳出決算事項別明細書 ●実質収支に関する調書 ●財産に関する調書	●貸借対照表 ●損益計算書 ●株主資本等変動計算書 ●キャッシュフロー計算書

●「地方公会計制度」のポイント

❶ 発生主義・複式簿記の導入

❷ 固定資産台帳の整備

❸ 統一的な基準による財務書類の作成

財務書類4表

- ●貸借対照表 ← 貸借対照表
- ●行政コスト計算書 ← 損益計算書にあたる
- ●純資産変動計算書 ← 株主資本等変動計算書にあたる
- ●資金収支計算書 ← キャッシュフロー計算書にあたる

従来の地方公会計を補完するものとして
新しい「地方公会計制度」が導入されている

2 財務会計からデータを受け取って返す「原価会計」とは？

製品の「原価計算」は財務会計と深く結びついている

■原価計算のデータは財務会計から受け取る

財務会計と関係の深いものに「原価計算」があります。製造業で製品の原価を、たとえば1個あたり○○円というように計算する手続きのことです。

原価計算がないと、製造業の会社では財務諸表を作成することができません。

損益計算書の売上原価の計上にも、貸借対照表の棚卸資産（→巻末）の計上にも、原価計算によるデータが必要だからです。

しかし、製造原価の計算では、人件費や経費、材料費など、様々な原価をルールに従って処理しなければならないため、非常に複雑な手続きが必要になります。

販売業などの仕入原価の計算は、特別に複雑なことはないので、原価計算とは呼びません。

原価計算と財務会計の関係は、ひと言で言うと、**財務会計からデータを受け取って、原価計算を行ない、財務会計に返す**というものです。

原価計算のもとになるデータは、複式簿記の仕訳（→P102）によって分類されたデータを使います。

原価計算はそのデータを受け取って、何段階かの計算を行ない、「製造原価報告書」という書類を作成します。

製造原価報告書は、損益計算書の附属明細書という位置づけで、広い意味では財務諸表のひとつです。

「原価計算」と財務会計

その数値が損益計算書の売上原価や、貸借対照表の棚卸資産に計上されます。つまり、財務会計に返すわけです。

■原価計算の手順はこうなっている

具体的に言うと、原価計算では財務会計から受け取ったデータを、まず「材料費」「労務費」（人件費）「経費」など（費目）に分類します。同時に、「直接費」「間接費」といった分類も必要です。

次に、原価が発生した場所（部門）別に、費目別に分類した原価を分類し直します。

そして、最後に製品別に原価を割り当てたり、振り分けたりすると、製品○○あたりの原価が計算できるわけです。

原価計算で計算する原価は、製品1個あたりという決まりではなく、1ダースや10個などとする場合もあります。

これが左の図に示した「費目別計算」「部門別計算」「製品別計算」の意味です。

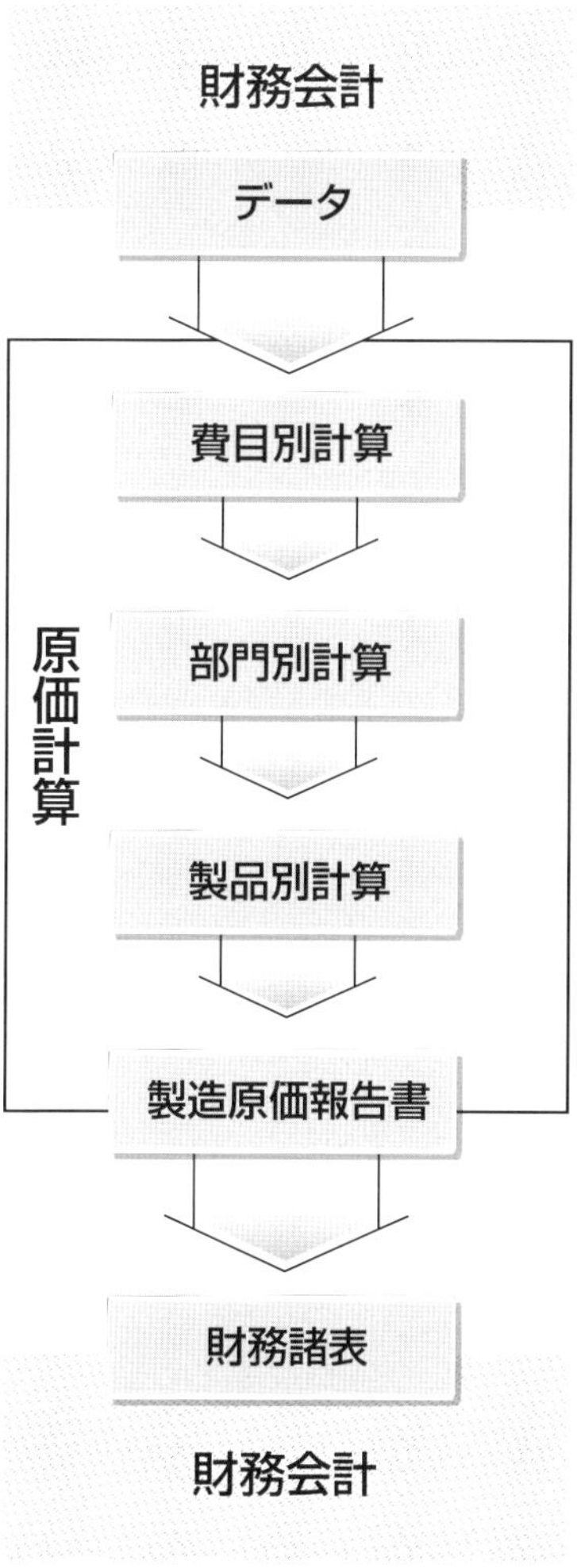

原価計算は財務会計からデータを受け取り、返している

■「原価計算基準」にある3つの原価計算とは？

原価計算のバイブルと言われるものに「原価計算基準」があります。1962年に、当時の大蔵省企業会計審議会が中間報告として公表した、原価計算に関する会計基準です。

そこには、他の会計基準と同様に、「一般に公正妥当と認められるところ」を要約したものであること、原価計算の制度が「財務会計機構と有機的に結びついたものであること」などが書かれています。

さらに、「この意味で原価会計にほかならない」ともあります。原価計算は、財務会計と密接に結びついた「原価会計」であるわけです。

この原価計算基準がその中で取り上げている原価計算は、実は3種類あります。

第1は、実際に発生した原価を計算する「実際原価計算」です。これが、この項で説明してきた原価計算で、費目別計算・部門別計算・製品別計算の3段階を踏んで、製造原価明細書を作成する原価計算です。

第2は、「標準原価計算」で、こちらは原価管理の項で取り上げました（→P184）。

管理会計のところでも説明しましたが、実は財務会計の分野です。なぜなら、先の項でも触れたように、標準原価計算による原価の計算によって、財務諸表を作成することができるからです。

実際原価と標準原価の差額は、「原価差異」として会計処理されます。

原価計算基準は、このように財務諸表を作成できる標準原価計算と、実際原価計算を、「原価計算制度」と呼んでいます。

原価計算基準が取り上げる**第3の原価計算は、「直接原価計算」**です。

直接原価計算とは、実際原価計算が全部を集計する「全部原価」であるのに対して、一部分だけを集

58 「原価計算」は3つある

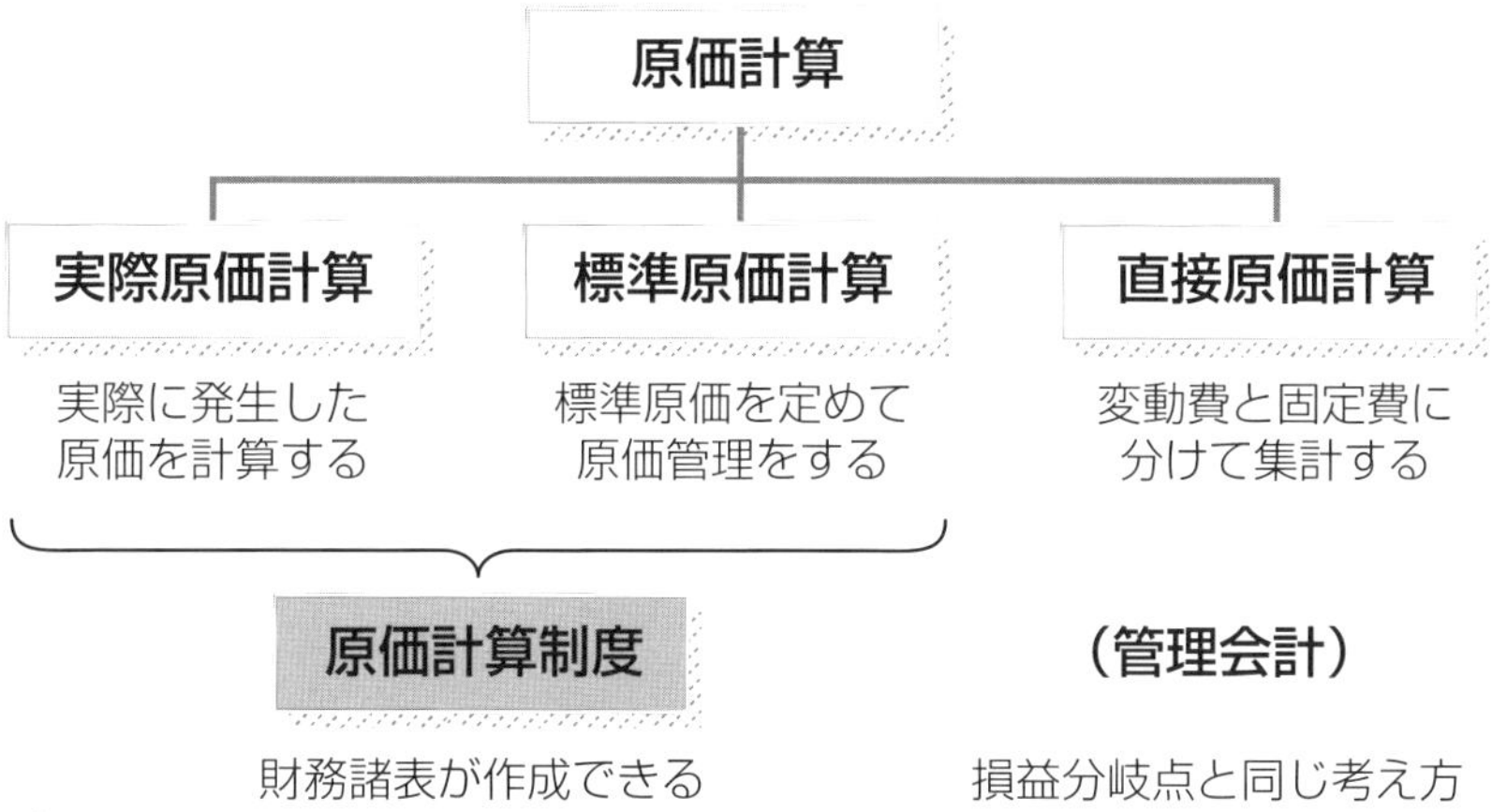

実際原価計算と標準原価計算は財務諸表が作成できる制度

計する「部分原価」であるとされています。

部分原価にもいろいろありますが、最も重要とされているのが「変動原価」です。つまり、固変分解した変動費を集計する部分原価ということになります（↓P196）。

変動原価は「直接原価」とも言い、その計算が直接原価計算というわけです。

つまり、直接原価計算は、損益分岐点分析や、限界利益と同じ考え方をするものです。

原価を「変動製造原価」と「固定製造原価」に分け、変動製造原価だけを製品原価として原価計算を行ないます。製造にかかる原価を、より正確に計算できる点がメリットです。

ちなみに、直接原価計算では、損益分岐点分析で売上高とするところを「操業度」として捉えます。操業度とは、生産設備がどれだけ稼働しているか、要するに稼働率のようなものです。

3 税務会計では、どんな処理が行なわれるのか？

いったん確定した決算書に「申告調整」が行なわれる

■税務会計はなぜ必要か？

財務会計、管理会計に続く第3の会計が、税務会計です。税務会計については、あらましを第1章で説明しました。一部繰り返しになりますが、ここではより具体的な説明を加えることにします。

税務会計が必要になるのは、会計上の収益・費用・利益と、税務上の益金・損金・所得が同じではないためでした（→P40）。

しかし、益金と損金を最初から集計して計算するのでは、財務会計上の決算を2度繰り返すようなことになるので、会計上の利益に違うところをプラスマイナスするわけです。

それが、第1章で見た益金算入・益金不算入・損金算入・損金不算入のルールです。

たとえば交際費で言うと、会計上は全額が費用です。しかし、税務上は一部または全額が損金でないとされ、「損金不算入」になります。

具体的には、２０２４年現在、左の表のような金額が損金不算入です。

この金額には、会計上の理由はなく、交際費が基本的に冗費《じょうひ》（ムダ遣い）であるという、国の政策判断によるものです。

また、交際費のうちでも、接待飲食費の一定部分（50％）を損金不算入としない選択ができるのも、飲食を活発にして、消費を喚起したいという国の政

交際費の損金不算入額はこうなっている

資本金等	所得金額に加算される金額
1億円以下 （選択適用）	交際費のうち800万円を 超える部分の金額
1億円超 1億円以下でも資本金5億円 以上の法人の100%子会社等	交際費のうち 接待飲食費の50%を 超える部分の金額
100億円超	全額損金不算入

（令和6年4月1日から9年3月31日までの間に開始する事業年度）

交際費の損金不算入額は国の政策によりしばしば変わる

策によります。

　このように、税金はしばしば、国の政策の手段として使われるものです。実際、交際費についても、そのときどきの経済状勢や、国の政策によって制度や、上限額がよく変わります。

　ですから、税務会計によって、その年度の制度や上限額を確かめ、それに従って税額を計算し、申告・納税する必要があるわけです。

■どんなケースが損金不算入・益金算入か？

　交際費のような損金不算入は、その金額が所得にプラスされ、所得を増やして納税額も増えるので、会社にとっては好ましくないものです。

　損金不算入になるものとしては、交際費のほかに一定以上の寄附金があります。これは、事業に無関係の支出で所得を減らし、税負担を減らすことを防ぐことが目的です。

　また、事前に届け出のない役員賞与や、過大な役員報酬も損金不算入になります。これは、役員に多額の賞与や報酬を支払うことによる、利益操作の防止が目的です。

税法に定められた以上の減価償却費が損金不算入とされるのも、減価償却費の計上による利益操作を防ぐ目的があります。

益金算入も損金不算入と同様に、所得を増やして納税額を増やす影響があるものです。

例としては、無償で資産を譲り渡したときや、無償でサービスを提供したときに、本来もらうべき金額が益金算入になります。

税法では、無償の取引というものはなく、いったん有償で譲り渡し、その金額が相手から寄附されたと考えるためです。

逆に、無償で資産を譲り受けたときも、本来支払うべき金額が益金算入です。支払うべき金額が受贈益とされ、益金になるためです。

■どんなケースが益金不算入・損金算入か？

損金算入と益金不算入は逆に、税金を減らす効果があります。

損金算入の例としては、債権の貸倒損失が代表的です。

得意先が業績不振に陥って回収ができなくなった場合に、会社更生法により法的に切り捨てられた場合とか、債務免除通知を送って免除したものが、貸倒損失として損金算入されることになります。

益金不算入も、所得を減らして納税額を減らす効果があります。

益金不算入の例のひとつは、受取配当金です。受取配当金は、支払う側の会社では、法人税等が課された後の利益から支払われます。

すでに法人税等が課されているので、受け取った側にも課すと二重課税になってしまいます。

益金不算入の2番目の例は、法人税や所得税の還

7-8 算入・不算入と納税額の関係

利益 ＋ 益金算入 ＋ 損金不算入

－ 益金不算入 － 損金算入 ＝ 所得

益金算入 → 所得が増える → 納税額が増える

損金不算入 → 所得が増える → 納税額が増える

益金不算入 → 所得が減る → 納税額が減る

損金算入 → 所得が減る → 納税額が減る

益金算入と損金不算入は税金が増えるので好ましくない

付金です。還付金とは、本来より多く税金を納めた場合に、返してもらえるお金のことを言います。これも税金を納めた後のお金ですから、益金には算入されません。

上に所得の計算式の再掲と、算入・不算入と納税額の関係を整理しました。

法人税等の申告は、株式会社の最高意思決定機関である株主総会の承認を受け、確定した財務諸表をもとにして行ないます（確定決算主義）。

いったん確定した利益から、これらの算入・不算入を調整し、課税所得を計算する最後の調整が「申告調整」です。

この申告調整が、税務会計で行なわれる会計処理ということになります。

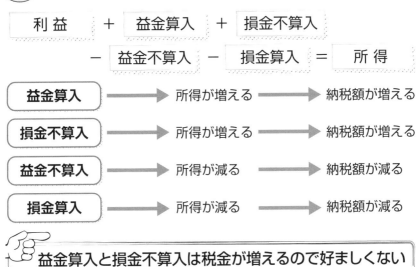

4 ＩＦＲＳは日本基準とどこがどう違うか?

基準の定め方も違い、財務諸表の呼び方も変わる

■ＩＦＲＳは原則主義

ＩＦＲＳ（イファース）については、日本の会社が採用できる会計基準を説明した際に触れました（→150）。

少し詳しく言うと、ＩＦＲＳは「国際会計基準審議会」（ＩＡＳＢ→巻末）が設定する会計基準の総称です。

ＩＡＳＢの前身である「国際会計基準委員会」（ＩＡＳＣ→巻末）が設定していた「国際会計基準」（ＩＡＳ→巻末）もＩＡＳＢに継承され、一部は現在も有効とされています。

それも含めた総称がＩＦＲＳです。

では、ＩＦＲＳは、現在の日本の会計基準とどこが違うのでしょうか。

根本的なところで言うと、そもそもの利益の捉え方が違います。しかしこれは、話がややこしくなるので、後でまとめることにしましょう。

わかりやすいところで言うと、**日本の会計基準がごく細かい点まで定めるのに対し、ＩＦＲＳは基本的な原則だけを定める方式**です。

「原則主義」と言いますが、これにより商慣習や法律が異なる国でも、比較可能な財務諸表が作れるメリットがあります。

日本の会計基準は細かい数値の基準や、判断の基準まで定めるので、日本基準に厳密に従った財務諸表でないと、比較ができません。

7-8 IFRSと日本基準の関係は？

> **「コンバージェンス」※**
>
> IFRSを採用するのでなく
> 日本基準をIFRSに近づける
> 取組み

※「収束」「収斂《しゅうれん》」といった意

1990年代、「会計ビッグバン」の時代から始まっている

財務諸表の作り方についても、同じことが言えます。ＩＦＲＳは最低限、表示しなければならない項目を定める方式ですが、日本基準は表示する内容を細かく定めています。

その代わりＩＦＲＳでは、注記として書かなければならないことが細かく定められています。

財務諸表には、「注記」という補足説明があり、日本では「個別注記表」という決算書類も導入されていますが、日本基準の財務諸表は本体が細かく定められている分、注記は少なくなります。

ＩＦＲＳでは、本体について原則や最低限だけを定めているので、どうしても注記に書くことが多くなるわけです。

■ＩＦＲＳへの「コンバージェンス」が続く

このように違うＩＦＲＳと日本基準ですが、実は１９９０年代から、日本基準をＩＦＲＳに近づける取組みが続いています。「コンバージェンス」と言

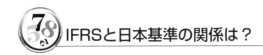

「会計ビッグバン」の時代のコンバージェンス

- 「連結決算」を重視する → **連結会計**
- 「キャッシュフロー」を開示する → **キャッシュフロー会計**
- 資産を「時価評価」する → **時価会計　減損会計**
- 「退職給付債務」を計上する → **退職給付会計**
- 企業会計と税務会計のズレを調整する → **税効果会計**

近年では「新収益認識基準」もコンバージェンス

いますが、「収束」「収斂」といった意味で、ＩＦＲＳをそのまま採用するのではなく、日本基準をＩＦＲＳに歩み寄らせる取組みです。

日本では、１９９０年代後半から、「会計ビッグバン」と呼ばれる会計制度改革が行なわれましたが、これに大きな影響を与えたのがＩＦＲＳの前身、当時の国際会計基準、ＩＡＳです。

実際、**会計ビッグバンの過程で新たに設定された会計基準の主なものは、連結会計に始まって税効果会計まで、ほとんどが国際会計基準の定めに一致しています**。

近年では、新収益認識基準も、ＩＦＲＳの定めるところに近づけたものです（→Ｐ131）。今もなお、ＩＦＲＳへのコンバージェンスが続いていることがわかります。

■貸借対照表は「財政状態計算書」に

それでは続いて、ＩＦＲＳを採用すると財務諸表

78 IFRSでは財務諸表はこうなる

IFRS	日本基準
財政状態計算書	貸借対照表
純損益及びその他の包括利益計算書	損益計算書 包括利益計算書
持分変動計算書	株主資本等変動計算書
キャッシュフロー計算書	キャッシュフロー計算書

たとえば貸借対照表は「財務状態計算書」になる

がどう変わるかを見ていきましょう。

まず、財務諸表それぞれの名称は、上の図のように変わります。

もっとも、ＩＦＲＳでは財務諸表の名称を強制しておらず、図にある名称は推奨なので、他の名前を付けることもできます。

貸借対照表を「財政状態計算書」と呼ぶことは、日本の企業会計原則でも「財政状態」の用語を使っているので、違和感はないでしょう。

損益計算書は、「純損益及びその他の包括利益計算書」になります。日本基準にも包括利益計算書があるのは、日本でもすでに、包括利益計算書による包括利益の表示が認められているからです。

日本基準の株主資本等変動計算書は、ＩＦＲＳでは「持分変動計算書」ですが、キャッシュフロー計算書はそのままキャッシュフロー計算書です。

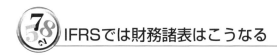

5 「包括利益計算書」は損益計算書とどこがどう違うか?

利益の捉え方の違いから当期純利益と包括利益の違いが生じる

■「資産・負債アプローチ」とは?

財務諸表のうち、包括利益計算書はIFRSだけでなく、日本でも上場会社に作成と、有価証券報告書での報告が義務づけられています。

この包括利益計算書について見る前に、利益の捉え方について、日本基準とIFRSの違いを見ておきましょう。これにより、当期純利益と包括利益の違いがわかります。

ひとつは、「資産・負債アプローチ」と呼ばれるIFRSの利益の捉え方です。

資産・負債アプローチでは、利益を貸借対照表の純資産の増加と考えます。

そこから、収益は純資産の増加または負債の減少、費用は純資産の減少または負債の増加という定義が生まれます。

貸借対照表が主で、損益計算書は従という考え方です。

一方、**日本基準は「収益・費用アプローチ」をとっています**。

利益は、損益計算書の収益から費用を引いたもので、損益計算書で計算した利益が、貸借対照表の純資産を増加させるという考え方です。

損益計算書が主で、貸借対照表が従の関係になっています。実際、企業会計原則でも、記述は損益計算書原則のほうが先です。

78 「資産・負債アプローチ」とは？

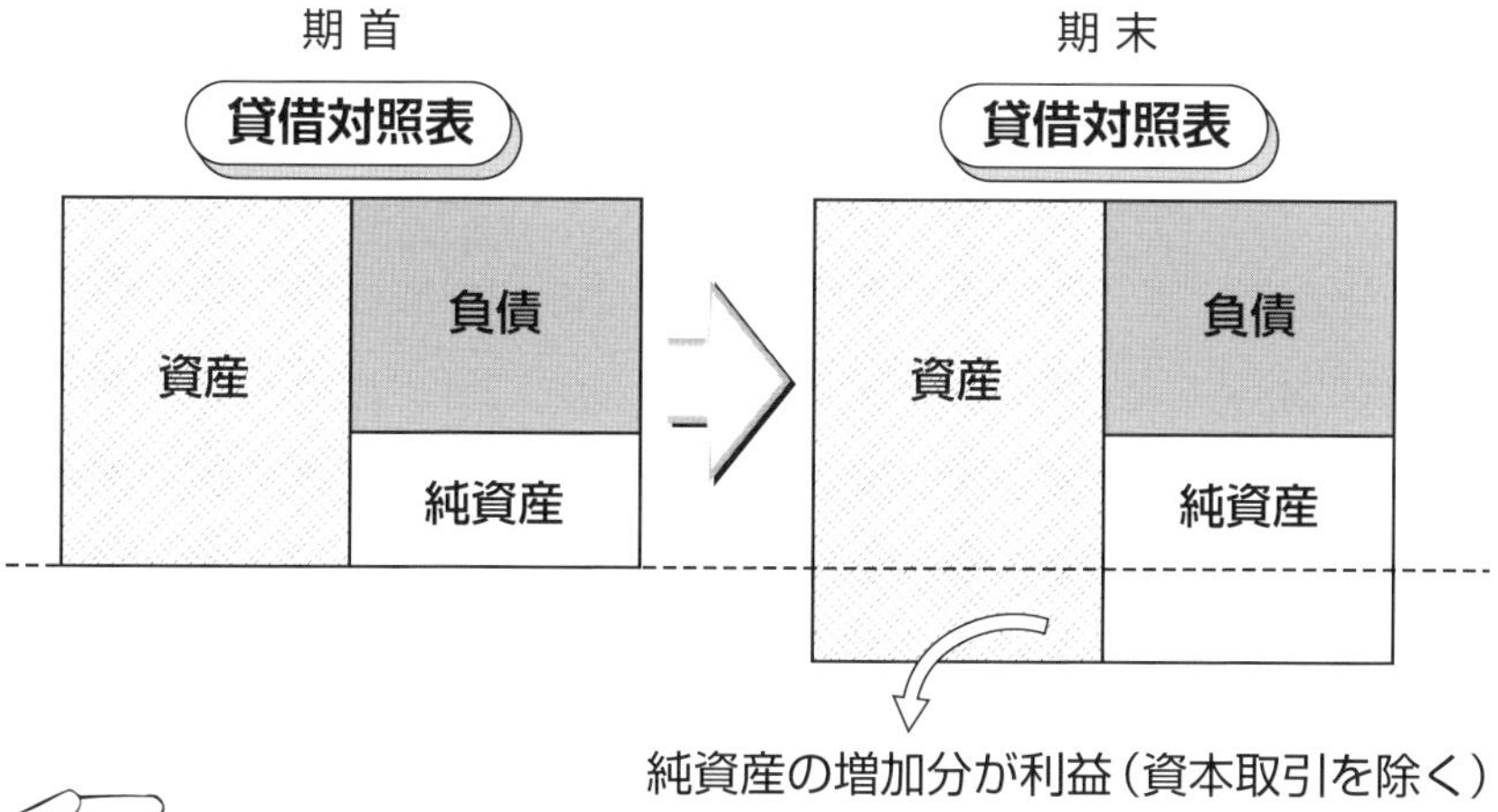

資産・負債アプローチでは貸借対照表が主、損益計算書は従

■「その他の包括利益」を表示する

もうひとつの利益の捉え方の特徴が、「包括利益」という考え方です。

包括利益自体は、期首と期末の純資産の増減額とされていますから、資産・負債アプローチによる利益にほかなりません。上の図の下にはみ出した分のことです。

日本基準との大きな違いは、包括利益の中身が当期純利益だけでなく、当期純利益プラス「その他の包括利益」となっている点にあります。

その他の包括利益とは、次ページ図にあげたようなものですが、実はほとんどが未実現の損益です。

ＩＦＲＳでは、日本基準では計上してはいけないとされる、未実現の損益を貸借対照表に計上するわけです。要するに、〝含み益〟が計上されます。

一方でＩＦＲＳでは、短期的に売却や決済によって損益が実現するものについては、実際に売却や決

「その他の包括利益」は未実現利益

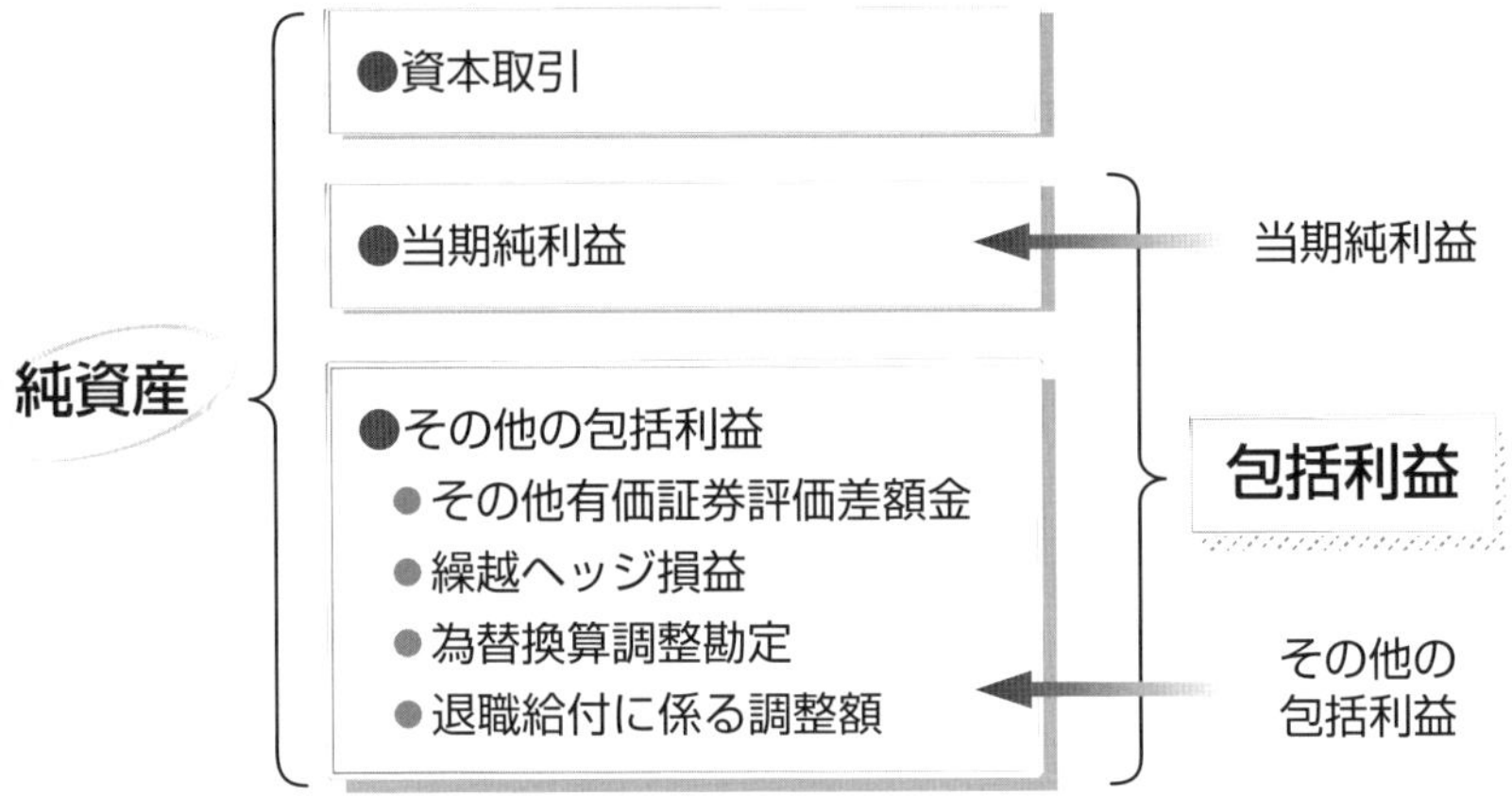

包括利益は、当期純利益 ＋「その他の包括利益」

済をしていなくても、実現損益として扱います。

■包括利益計算書の形式は?

それでは、包括利益計算書を見てみましょう。左は、日本の有価証券報告書で使われている「連結損益及び包括利益計算書」の形式です。

包括利益計算書の表示には「1計算書方式」と「2計算書方式」があり、左は1計算書方式になっています。

2計算書方式では、損益計算書を別に作成した上で、左の「当期純利益」より下を「連結包括利益計算書」として表示します。

なお、この形式で損益及び包括利益計算書を作成した場合は、貸借対照表の純資産の部にも「その他の包括利益累計額」の表示が必要です。上の図は、その内訳の内容を示しています。

日本の有価証券報告書では、このようにして包括利益を表示することになっているわけです。

78 損益及び包括利益計算書の形は？

連結損益及び包括利益計算書

（単位：100万円）

	前連結会計年度 （自　○年○月○日 至　○年○月○日）	当連結会計年度 （自　○年○月○日 至　○年○月○日）
売上高	×××	×××
売上原価	×××	×××
売上総利益	×××	×××
販売費及び一般管理費		
給料及び手当	×××	×××
減価償却費	×××	×××
販売費及び一般管理費合計	×××	×××
営業利益	×××	×××
営業外収益		
受取利息	×××	×××
受取配当金	×××	×××
その他	×××	×××
営業外収益合計	×××	×××
営業外費用		
支払利息	×××	×××
有価証券売却損	×××	×××
その他	×××	×××
営業外費用合計	×××	×××
経常利益	×××	×××
特別利益		
投資有価証券売却益	×××	×××
特別利益合計	×××	×××
特別損失		
固定資産売却損	×××	×××
減損損失	×××	×××
特別損失合計	×××	×××
税金等調整前当期純利益	×××	×××
法人税、住民税及び事業税	×××	×××
法人税等調整額	×××	×××
法人税等合計	×××	×××
当期純利益	×××	×××
非支配株主に帰属する当期純利益	×××	×××
親会社株主に帰属する当期純利益	×××	×××
その他の包括利益		
その他有価証券等評価差額金	×××	×××
繰延ヘッジ損益	×××	×××
為替換算調整勘定	×××	×××
持分法適用会社に対する持分相当額	×××	×××
その他の包括利益合計	×××	×××
包括利益	×××	×××
〈内訳〉		
親会社株主に係る包括利益	×××	×××
少数株主に係る包括利益	×××	×××

※有価証券報告書、１計算書方式の例

イチからわかる!
「マーケティング」
の基本と実践

大山 秀一 [著]

◎A5判並製
◎定価:本体1600円(+税)

基礎的な知識から実践レベルの知
識まで、現代のビジネスパーソンが
知っておかなければならないマーケ
ティングに関する知識を、総図解で
わかりやすく解説。

イングランド銀行公式
経済が
よくわかる10章

イングランド銀行
ルパル・パテル&ジャック・ミーニング [著]

◎四六判並製
◎定価:本体1800円(+税)

「とにかく経済が苦手な私たち」の
ために、1694年創設の英国中央
銀行、イングランド銀行が書いた愉
快でわかりやすい入門書。

【著者紹介】

梅田泰宏（うめだ・やすひろ）

◎――1954年、東京生まれ。公認会計士、税理士。

◎――中央大学卒業後、大手監査法人に入社。1983年、梅田公認会計士事務所を設立。企業における幅広いコンサルティング活動を精力的に行なう。約250社の中堅・中小企業並びに外資系現地法人に対し、財務指導から税務業務まで幅広いサポートを続けている。

◎――2004年、企業に対するサービスをよりスピーディに行なうため社会保険労務士、司法書士との合同事務所「キャッスルロック・パートナーズ」を設立。さらに2006年、税務部門を税理士法人として新たなスタートを切った。

◎――主な著書に、『わかる！国際会計基準』（ダイヤモンド社／共著）、『「原価」がわかれば儲かるしくみがわかる！』（ナツメ社）、『決算書は「直感」で９割読める』（PHPビジネス新書）、『今すぐ使える会計＆ビジネス数字の読み方・活かし方』（ぱる出版）、『経費で落ちるレシート・落ちないレシート』（日本実業出版社）、『マンガでわかる 親子で読む 絶対もめない！相続・生前贈与』（実業之日本社）、『これだけは知っておきたい「税金」のしくみとルール』（フォレスト出版）など多数ある。

［梅田公認会計士事務所］ホームページ

http://www.ume-office.com/

イチからわかる！「会計」の基本と実践

2024年６月６日　第１刷発行

著　者――――梅田泰宏

発行者――――徳留慶太郎

発行所――――株式会社すばる舎

〒170-0013 東京都豊島区東池袋3-9-7東池袋織本ビル

TEL　03-3981-8651（代表）

　　　03-3981-0767（営業部直通）

FAX　03-3981-8638

URL　https://www.subarusya.jp/

印　刷――――ベクトル印刷株式会社

ISBN978-4-7991-1204-5

索引＆用語解説

【数字】

【アルファベット】

【あ】

会社が業績不振の際に、含み益がある資産を売却して差益を計上し、利益を捻出すること。時価が帳簿価額より高い有価証券や、固定資産などを売却することによって行なう。本業が不振でも、一種の利益操作が可能になる。違法ではないが、ステークホルダーに正しい情報が開示されない問題が生じる。

【か】

　　企業が毎月、決まった額の掛金を拠出する（確定拠出）企業年金の制度。企業が拠出した額は個人の財産となるため、転職や退職の際にも持ち運べる（ポータビリティ）。ただし、資産運用も個人が行なうので、運用の結果により、同じ拠出額でも受け取る年金額が変わる。企業側

は、退職給付債務が発生せず、確定給付型企業年金に比べて、積立て不足などの心配がない点がメリット。

　　複式簿記の記録や計算を行なう分類項目。分類自体を勘定と呼ぶこともある。資産・負債・純資産・収益・費用の各勘定に、それぞれ現金・借入金・資本金・売上・仕入などの勘定科目が分類される。

　　1949年に当時の経済安定本部、企業会計制度対策調査会の中間報告として公表さ

れた。その後、旧大蔵省の企業会計審議会によって一部、修正が加えられ、現在の企業会計基準委員会に継承されている。

費用だが、効果が支出した年度だけでなく、将来にわたってあらわれるものを資産として計上し、通常は5年にわたって均等に償却する。創立費、開業費、開発費、社債等発行費、株式交付費などが計上できる。税法上は、公共・共同施設の負担金や、賃借資産・役務提供の権利金なども、繰延資産としている。

企業会計は、処理の原則や手続きを毎期、継続して適用し、みだりに変更してはならないという原則。企業会計原則の第一、一般原則の五。

企業会計の用語ではないが、ビジネスの現場で販売費及び一般管理費と、製造原価のうちの経費を合わせて「経費」と呼ぶことがある。「経費で落とす」「経費削減」などと使う。

法人税法上の赤字（欠損金）は、青色申告法人に限って翌事業年度から10年間、損金に算入して法人税を軽減できる。中小法人など特定の会社は欠損金の全額、それ以外の会社は50%を損金に算入できる。

法人税法上の赤字（欠損金）は、直前の事業年度に法人税を納税していた場合、欠損金額に相当する法人税の還付が受けられる。

【さ】

決算書を作成する過程で、試算表から決算書を作成する段階において、実務で作成される表。決算独自の整理事項を、試算表に加えるために使われる。残高試算表に「決算整理」の欄を加え、さらに「損益計算書」欄と「貸借対照表」欄を加えた形になっている。

【た】

貸借対照表には分類が示されないが、商品や製品、仕掛品、原材料など、棚卸しを必要とする資産を棚卸資産と言う。棚卸しとは、在庫の商品、製品、原材料などを調べる作業。在庫の数量を確認し、品質の低下がないかなども調べる。帳簿や在庫管理システムなど、データ上で調べる「帳簿棚卸法」と、在庫が破損や紛失などしていないか、実際に調べる「実地棚卸法」があり、棚卸しでは原則として両方を行なう。

デリバティブは「派生的」や「副次的」
の意味。「金融派生商品」と訳されてい
る。普通の金融取引は証券の売買や、金
銭の貸し借りなどを行なうが、デリバ
ティブ取引はその金融取引から派生する
権利を取引する。大きく分けて、金融商
品から将来的に派生する約束を取引する
「先物取引」、権利を取引する「オプショ
ン取引」、交換を取引する「スワップ取
引」の3種類がある。金融取引のリスク
を軽減する「リスクヘッジ効果」のほ
か、少ない資金で大きな取引ができる
「レバレッジ効果」がある。

貸借対照表には分類がないが、流動資産
のうち現金と、最も現金化しやすい資産
を当座資産と呼ぶ。現金と、ただちに引
き出しが可能な預金のほか、受取手形と
売掛金（合わせて売上債権と言う）が代
表的。

国や地方公共団体は、特定の事業や資金
の運用の状況を明確にする目的で、通常
の会計（一般会計）とは切り離した会計
を設けている。これを特別会計と言う。
国の特別会計としては、交付税及び譲与
税配布金特別会計、財政投融資特別会
計、年金特別会計などのほかに、平成24
年度に設置された東日本大震災復興特別
会計などがある。

【な】

【は】

【ま】

【や】

預金者が要求すると、ただちに払戻しが行なわれる預金。当座預金、普通預金が代表的だが、日銀のマネーストック統計では要求払い預金として他に、貯蓄預金、通知預金、別段預金、納税準備預金があげられている。

予算とは、企業や国などが定める数値目標のこと。たとえば売上予算では目標売上高を決め、経費予算では経費を抑える目標を決める。予算編成は、それら複数の予算を事業計画にまとめるプロセスのこと。

【ら】

【わ】

　　資産や事業などの金銭的価値を、それら
　　が将来生み出すであろうキャッシュフ
　　ローから求める方法。将来、受け取る
　　キャッシュが、現時点でどれくらいの価
　　値になるか、現在価値として求める。M
　　＆Aなどの際に、企業価値評価の手法と
　　してよく利用される。ディスカウント・
　　キャッシュフロー法、ＤＣＦ法、収益還
　　元法とも言う。